鈴木由紀子

女たちの戦国

江と同時代を生きた11人

GS
幻冬舎新書
196

はじめに

男性中心に語られてきた日本史のなかでも、合戦に明け暮れる戦国時代はとりわけ武将の独壇場で、女性のでる幕はほとんどなくなる。しかも、戦国の女性は政略に使われ、人質として嫁がされるのがあたりまえ。いったん和平が崩れれば、悲劇的な結末が待っている。離縁されて実家にもどされるのならまだしも、見せしめのために殺されることすらあった。女性にとってはまさに暗黒時代、というのが大方の見方ではないだろうか。しかし、これは大いなる誤解であることに気づかされる。人の命が約束事の担保にされた苛酷な時代だからこそ、男以上に知略をつくして、たくましく、したたかに生きていた。

天下人となった豊臣秀吉は大名の妻子を人質にとり、京都や大坂に屋敷をあたえて住まわせた。これを逆手にとって中央の情報をあつめ、国元に送っていたのではないかと思われる。

情報を制するものは天下を制すといわれる。女性の情報収集能力の高さはむかしもいまも変わらない。武将の妻たちは社交をかねて親睦を深め、ときにはスパイさながらに諜報活動を行っていたにちがいない。なにしろ京都や大坂は情報の集積地である。その最前線で外交を担ってくれる妻は、武将にとって頼もしいパートナーである。女性たちはそれぞれ「お家」を背負った外交官であり、その才覚に国の命運がかかっているのだ。

前田家も、利家の妻まつ（芳春院）がいなければ、はたして加賀百万石を守りぬくことができたかどうか。山内一豊にしても、妻千代の機転があったからこそ、関ヶ原合戦で武勲をあげ、土佐二十万石に大躍進したのだ。

こうした大名クラスの女性ばかりでなく、身分の低い武士や庶民の女たちはもっとたくましかった。戦国を生きぬいた女性の体験談を話しことばで筆録した貴重な史料がある。江戸時代の寛文年間（一六六〇年代）の初めごろ、土佐で「おあんさま」とよばれた老婆が子どもたちにせがまれるまま語った戦時下の話で、何度もそれを聞いた少年が、半世紀あまり経たのちに筆録したものが『おあん物語』として伝えられた。淀殿に仕えた侍女お菊の大坂落城の回想録『おきく物語』とともに、江戸時代の人びとに愛読された仮名草子風戦記読み物である。

おあんの父山田去暦《きよれき》は石田三成に仕えた武士であった。おあんの話では関ヶ原合戦のときに美濃の大垣城に籠城したことになっているが、これはおあんの記憶ちがいで、おそらく三成の居城の佐和山城に籠城したのだと思われる。

城が敵軍にとりかこまれるなか、夜な夜な九つ時分（午前零時ごろ）になると、男女三十人ほどが「田中兵部殿のうのう」とわめきだし、そのあとでわっと泣きだす、というのである。田中兵部大輔吉政《よしまさ》は佐和山城を攻めた徳川方の武将の一人だから、おあんの籠城したのはやはり佐和山城でまちがいない。

石火矢（大砲）を打つと、櫓《やぐら》もゆらゆらとゆれ、地もはり裂けるようなすさまじい音に目をまわして気絶する者もでる。はじめのうちは生きた心地もなく、「おそろしくこわや」とばかり思っていたおあんも、そのうちになんともなくなった。

女たちは天守にあつまって鉄砲玉をつくった。そこへ味方が討ちとった敵の首がつぎつぎと運びこまれ、それぞれに札をつけてならべられる。夜になって、生首にお歯黒をつけるのも女たちの役目であった。「それはなぜなりや。昔はおはぐろ首は能き人としてしやうくわん（賞翫）した。それ故、白歯の首にはおはぐろ付て給はれと頼まれておじやつた」とおあんは語る。身の毛もよだつ光景である。はじめはおそろしかったおあんも、しだいになれておどろかなくなり、血のにおいのたちこめるなかでも平気で眠るようになったという。

この光景は幕末の会津戦争の籠城に重なってくる。連日連夜撃ちこまれた大砲の不発弾をあつめて弾薬をつくるのは女たちの仕事であった。敵が撃ちこんできた砲弾が破裂する前にぬれた布団や着物をかぶせて爆発を防ぐ「焼玉押え」、この危険な仕事にあたったのも女たちだった。失敗してふきとばされた犠牲者も多い。

十四歳になるおあんの弟も、流れ弾にあたってふきとばされ、おあんの目の前で即死した。「そのままびりびりとして死んでおじゃる」と語るおあんの話に、子どもたちは息をのみ、「さてさてむごひ事を見ておじやつたよのふ」とたたみかけるようにおあんは述懐する。じつにみごとな語り部である。

落城寸前に、両親とともに城を脱出したおあんの逃避行を語るくだりはさらにすさまじい。父はひそかにおあんと母と侍女一人を天守につれだして、縄ばしごをかけて降りた。たらいに乗って堀を越え、どうにか城を脱出したものの、しばらくすると臨月の母がにわかに産気づき、女児を産み落とした。侍女が田んぼの水を産湯代わりにして洗い、着物の懐に赤子を入れて、母は父の肩にかつがれて落ちのびた。

この逃避行は、会津戦争時にわずか五歳だった若松賤子《しずこ》の体験に重なってくる。母や祖母とともに戦火のなかを逃る最中、臨月近かった母はお宮の近くで妹みやを産んだ。乳飲み子を抱えて着の身着のままで山野をさまよう日々。関ヶ原の戦いから二百六十八年後の戊辰戦争も、戦争の悲惨さは変わらない。

戦争を引き起こすのはいつも男たちである。女や子どもはそれを甘受するしかない。しかし戦乱に巻きこまれ、悲惨な目に合わされながらも、けっしてくじけずに、しぶとく生きぬいていく。男のつくる歴史とはべつの、女たちの戦国史がここにある。

女たちの戦国／目次

第一章　謀叛人として殺された家康の妻　築山殿

悔やみつづけた家康

徳川の世になってから、悪評を浴びせられた女性の筆頭は豊臣秀頼の生母淀殿であり、徳川家康の正室築山殿であった。前者は大坂城の実質的な支配者として大坂冬の陣・夏の陣を引き起こし、豊臣家をほろぼした張本人として、後者は名門今川氏の血筋を鼻にかけ傲慢で嫉妬深く、嫡男信康の嫁である織田信長の娘徳姫をいびりぬき、敵方の武田勝頼に内通した希代《きたい》の悪女として喧伝《けんでん》されてきた。裏返してみれば、それだけ家康にとっては後ろめたい存在だったという証左である。

家康は築山殿と信康の無実を知りながら、信長の命によって殺害した。家康ほどの知恵者がなぜ妻子を助けられなかったのか。ほとんどの史書は家康の決断を正当化するため、徳川家がおかれた立場の弱さを強調しているが、はたしてそれだけの理由なのか。

何よりも疑問がのこるのは、なぜ、築山殿を殺害しなければならなかったのか、という点である。信長は、徳姫が夫信康と築山殿の悪行を書きつらねた手紙の内容を問題にし、信康に腹を切らせるよう家康に命じたとされるが、築山殿については何もふれていない。築山殿の暗殺は家康が命じたものなのか、それとも信康と築山殿に対立する勢力によって殺害されたのか。その真相はいまもって謎に包まれている。

いずれにしても、家康が妻と嫡男を非業の死にいたらしめたことはまぎれもない事実であり、慚愧《ざんき》のおもいにかられたことだろう。めったに愚痴などこぼさない家康が、母子の処断については、折にふれてぼやきつづけた。築山殿を殺害したのは野中三五郎重政《さんごろうしげまさ》で、家康の命をうけて小藪《こやぶ》村というところにて討ったと『東照宮御実紀』には記されている。同じく家康の家臣石川太郎右衛門義房が検視役、岡本左衛門時仲が介添役であったという。

築山殿を殺害した重政が浜松城に帰って家康に報告したところ、「女の事なればはからひ方も有べきを、心をさなくも討取しか」といわれておそれをなし、遠州堀口村に蟄居《ちっきょ》したといわれる。家康の心中をおしはかれば、女だから殺さなくても、逃がすなり方法はいかようにもあったろうに、気のきかない愚直なやつといったところだろうか。みずから命じておきながら、この言い方はないだろうという気もするが、家康の本心を察してくれない家臣へのいらだちは、信康を天竜川沿いの二俣《ふたまた》城に移して監視させた城主の大久保忠世にも向けられた。

『改正三河後風土記』には、忠世がひそかに信康を逃がしてくれるだろうと期待していたのに、忠世は家康の気持をおしはかることなく、厳重に警護して日を送ったと記している。

天方山城守通綱と服部半蔵正成を二俣城につかわして信康に切腹を命じたときも、「介錯を頼む」と声をかけられた半蔵は、とても手を下すことができずに刀を捨てて落涙した。信康の苦痛を見かねた通綱がなくなく介錯する。何かの折に家康は半蔵にむかって、「鬼といわれた半蔵も、主人の首は討てなかったか」と述懐した。それを伝え聞いた通綱はいたたまれなくなって逐電し、高野山にこもってしまったという。

思わずもらした不用意なことばに、家康の本音がかいま見える。この事件で、家康がもっとも恨みに思っていたのは酒井左《さ》衛門尉《えもんのじょう》忠次《ただつぐ》であった。信長によばれて、徳姫が書きおくった十二カ条にわたる謀叛の真偽を問いただされた忠次は、十カ条まで本当であると答えた。のちにくわしくふれるが、忠次は家康の父方からみても母方からみても叔母にあたる女性を後妻に迎えており、家康よりも十五歳年長の三河譜代の長老である。その忠次が、なぜこのとき信康のために弁明してくれなかったのか。

徳川信康画像／岡崎・勝蓮寺蔵

その無念さを胸の奥におさめて忠次をとりたててきた家康が、忠次が隠居し嫡子家次の代になった途端に冷遇する。老いた身をかがめて家康の御前にまかりでた忠次がわが子家次の将来を願い出たところ、「三郎（信康）今にあらば、かく天下の事に心を労すまじきに、汝も子のいとほしきことは知りたりや」といわれて、忠次はことばもなく平伏したという。妻を殺害する羽目になり、長男を自害に追いこまれたことにたいする、痛烈な皮肉である。

家康との結婚

静岡県浜松市の西来院《せいらいいん》に所蔵されている築山殿の肖像画は気品のある知的な美人で、後年、築山殿が家康にしたためたとされる書状の文面から推察しても、文芸や詩歌のたしなみもある教養にとんだ女性であったことがうかがえる。西来院は築山殿にゆかりの深い寺で、岡崎城から家康のいる浜松城をおとずれたさいには、ここを宿舎にしていたという。家康は西来院の潙翁《いおう》禅師に命じて築山殿の亡骸《なきがら》を懇ろに葬った。享年三十八歳といい、家康と同年だったといわれている。

二人が結婚したのは、家康が元服して松平二郎三郎元信（のちに元康）と称した弘治二年（一五五六）正月で、ともに十五歳。今川義元が加冠し、関口刑部少輔《ぎょうぶしょうゆう》義広（親永、氏広とも）が理髪をつとめたとされる（『東照宮御実紀』）。

この関口義広（瀬名氏貞の二男で関口氏の養子となる）が築山殿の父で、今川家臣団の重鎮であり、安倍川河口の西側に位置する用宗城二万四千石の城主であった。関口氏も瀬名氏も今川氏から分かれた同族である。築山殿の母は義元の妹（一説に養妹）といわれる。築山殿という名は、嫡子信康と岡崎に住むようになってから、城の北、築山にある館にちなんでよばれたもので、本名は出身地にちなんで瀬名といった。

今川氏は足利将軍家の一門で、古くから東海地方に覇をとなえていた守護大名である。代々当主は公卿の息女を正室に迎えており、義元の母寿桂尼は権大納言中御門《なかみかどの》宣胤《ぶたね》の娘で、甥の山科言継《やましなときつぐ》卿をはじめ京都の公卿たちが駿府（静岡市）に滞在することが多かった。築山殿も雅びな京文化に接して育ったものと思われる。

義元としては、家康に一族の娘を配することで三河（愛知県東部）への支配をより強固にするのがねらいであったとしても、父をなくした家康の親代わりとなって後見している。十二年間にわたる駿府での人質生活が暗くみじめなものであったかというとそうでもなく、竹千代とよばれたころの家康は奔放でやんちゃな少年だったらしい。年始のあいさつに今川館にあつまった重臣たちの見ている前で、突然縁側で立小便をはじめて仰天させたり、

築山殿画像／浜松・西来院蔵

あるときは、墓参りに行った今川家の菩提寺で「鷹狩りをやりたい」といいだし、家臣がなだめても聞き入れずに駄々をこね、和尚の一喝で渋々あきらめたという逸話があるほど、自由にのびのびとふるまっていたことがわかる。

臨済寺の住職で今川の軍師でもあった太原崇孚《たいげんそうふ》（雪斎）から兵法や諸学の手ほどきをうけたことは、家康の人格形成にはかり知れない影響をあたえたものと思われる。しかも、駿府には祖母の華陽院（源応尼）がいた。剃髪前はお富とよばれた絶世の美女と伝えられ、最初の結婚相手が刈谷城主水野忠政で、家康の生母お大（伝通院）はその娘である。忠政と離別したお富は、岡崎城主松平清康に再嫁して一男一女をもうけた。男子が松平信康で、女子は酒井忠次夫人の碓氷《うすい》殿、お大とは父親のちがう姉妹の関係にあった（『玉輿記』）。

祖母の膝下で育てられた家康のもとには、三歳で生き別れたまま久松家に再嫁した母お大からも、折にふれて衣類や菓子などが届けられた。晩年の家康が駿府に隠退したのも、なつかしい祖母や母とのわすれがたい思い出の地であったからだろう。

家康と築山殿との新婚生活をうかがわせるような記録はないが、結婚して三年後の永禄二年（一五五九）に長男信康が、翌三年に長女亀姫が生まれているのをみても、仲むつまじい夫婦であったことがわかる。しかし当主を人質にとられて、岡崎城も今川の支配下におかれていた三河武士にしてみれば、今川一族との縁組は義元の押しつけでしかなく、素直に感謝できない複雑なものがあったと思われる。それが築山殿の人格にまで投影されて、夫さえも見くだす高慢で冷酷な女とみなされたのだろう。

駿府での平穏な結婚生活も思いがけない事件によって引き裂かれる。永禄三年五月、今川義元率いる本隊が尾張国知多郡桶狭間で休息中に、織田信長の奇襲をうけて義元が討たれてしまったのである。家康にとってはまたとない幸運、築山殿には悲運のはじまりとなった。前線基地の尾張大高城にいた家康に、義元が敗死したと知らせたのは生母お大の兄で織田方の水野信元である。とるものもとりあえず大高城を脱出した家康は、よろこびにわき返る家臣に迎えられて十三年ぶりに岡崎城にもどった。築山殿と子どもたちは駿府に置き去りにされてしまったのである。

二年後の永禄五年（一五六二）、伯父水野信元の仲立ちで織田信長と和議をむすんだ家康は、東三河の今川氏の重臣鵜殿長照を攻めて、長照の二子を人質とした。このとき石川伯耆守数正《ほうきのかみかずまさ》が「若君に殉ずる者一人位居らねば」と家康に願い出て、駿府におもむいた。

数正は人質の家康に供奉して駿府に在住し、今川氏とも親しい関係にあり、元服から結婚にいたる家康と築山殿を身近にみてきた数少ない家臣である。家康が築山殿を押しつけられた妻としか感じていなかったのなら、織田と同盟をむすんだ時点で離縁すればよかったはずである。そうしなかったところに家康の心情がくみとれる。それがわかっていたからこそ、数正は築山殿母子をとりもどしたいとおもったのだろう。築山殿の実父関口義広の助力を得て、鵜殿長照の二子との人質交換に奔走し、ついに実現する。

大久保彦左衛門忠教《ただのり》の『三河物語』は、石川伯耆守が大きな八文字髭《ひげ》を反らせて、若君を鞍《くら》の前輪のところに乗せ、意気揚々と岡崎城に帰ってきたと、数正の得意気なようすを描写している。融通のきかない武辺者ぞろいの三河武士団にあって、石川数正の外交手腕は際立っており、この一件でその評価は衆目のみとめるところとなった。

中村孝也氏は、「このとき正室関口氏も三歳になった亀姫も、また岡崎に迎えられたのであった。信康母子と鵜殿兄弟との交換に当り、関口刑部義広はたいへん尽力したが、のち氏真に殺されたといわれる」と報告している（『家康の族葉』）。戦国のならいとはいえ、父の死を知らされた築山殿の心中は察するにあまりある。

宿命的な対立

二年ぶりに夫と再会した築山殿のよろこびも、やがて大きな試練に立たされる。岡崎城には家康の生母お大とその家族もよびよせられていたのである。ここで、いま少しお大についてふれておこう。

お大の母お富が松平清康に再嫁するについては諸説あり、清康は年上のお富の美貌にひかれて掠奪さながらに結婚したようだ。なぜなら、先夫の水野忠政は清康が亡くなったときにまだ生きていたのだから、離別したことにして奪いとったとしか思えない。その清康も、ほどなく家臣によって殺されてしまう。

お富はこのあと、三度も結婚をくり返している。『玉輿記』にはこれについて、「お富の方不幸の事に逢ひ給ふと申も、都合四五度御重婚、乱世の時節は、かかるためしも有事なれども、後世是を不審せり」と記されている。戦国時代は美しい女性ほど政略の持駒として利用され、数奇な運命をたどることになるのが通例である。その運命にのみこまれるか、はねのけて活路をひらくかどうかは本人の才覚にかかっている。

清康が非業の死を遂げたあと、先妻とのあいだに生まれた嫡子広忠が家督を継ぎ、お富が水野家にのこしてきた娘のお大と結婚して、家康が生まれた。広忠がお大を離別することになったのは、お大の異母兄にあたる刈谷城主水野信元が織田氏に服属したためで、家康は三歳で母と引き離されている。

愛知県豊橋市の竜拈寺《りゅうねんじ》にある華陽院夫人画像は、娘の酒井忠次夫人が描かせて寄進したものだといわれ、端正で優美な姿をとどめている。一方、娘のお大は刈谷市の楞厳寺《りょうごんじ》にある肖像画をみるかぎり美人とはいいがたい。最初の男子は母親に似て、女子は父親に似るといわれるように、家康は母のお大に似ている。家康の長男信康は築山殿の典雅な美しさをうけついで細面の美男子だが、長女の亀姫は家康そっくりのたぬき顔である。

お富は七十余歳で没したといわれ、お大も七十五歳の長命を全うした。何度も結婚して多くの子を産み、きわめて健康だったことがわかる。お大の人となりを伝える貴重な逸話がある。

十七歳のお大は、わずか三歳の竹千代をのこして実家にもどされることを嘆き、酒井雅楽助正親《うたのすけまさちか》の邸にとどまって病を養っていたが、正親は護衛の家来をつけて、お大を刈谷城に送り返した。ちょうど岡崎と刈谷の国境で輿《こし》をとめさせたお大は、護送の家来たちにむ

伝通院（お大）画像／刈谷・楞厳寺蔵

かって、ここから岡崎に引き返すようすすめた。兄が討手をさしむけてくるのを予感したからである。

ようやく説得に応じて輿を近在の郷民に託し岡崎衆が立ち去ると、案の定、武装した水野方の家来が数十騎はせ参じてきた。その前に立ちふさがったお大は、「護送のものどもは、この輿を捨てて逃げ去りました。もはや岡崎に帰り着く時分でしょうから、追いかけてもむだなこと」と追撃をさえぎり、水野の家来に護衛されて刈谷城に入った。

お大に関する逸話はあとにも先にもこれしかないが、十七歳とは思えない勘のよさと思慮深さにおどろかされる。もし、護送してきた岡崎の家来を水野の家来が討ち取るような事態になれば、後々までも遺恨をのこして、災いはわが子竹千代にふりかかるととっさに判断したのだろう。女ながらも東海一の弓取とよばれた名将の母君よ、と後々までも賞賛されたというのもうなずける。

実家にもどったお大は、ほどなく知多郡阿古屋《あこや》城主で、織田方の武将だった久松佐渡守俊勝に再嫁し、三男四女をもうけた。家康は桶狭間の戦いを前に、阿古屋をおとずれて十六年ぶりで母に会い、まだ幼い異父弟の三郎太郎（元康）、源三郎（勝俊）、長福（定勝）にはじめて対面した。のちに三人は家康に臣従して松平の称号をゆるされ、連枝として目をかけられながら、徳川の覇権の達成に協力することになる。

信長との同盟に際しては、お大や久松俊勝の助言があったという。築山殿の運命をきめた今川方の鵜殿攻めに、俊勝も参戦している。これと前後して、家康は久松俊勝とお大の家族を岡崎城に迎えていた。

永禄六年（一五六三）三月には、嫡子信康と信長の嫡女徳姫との婚約が交わされた。清洲同盟をさらに強固にするための政略で、二人ともまだ五歳である。この年の七月に、今川氏からの完全な独立を宣言するかのように、義元からもらった元康の元の字を廃して家康と改め、東海地方での勢力を徐々にのばしはじめた。三河に一向一揆が勃発するのもこのころで、家康にとっては三河平定の正念場となった。

永禄十年（一五六七）五月、九歳になった信康と徳姫との婚儀が行われた。この結婚に築山殿が強く反対したといわれているが、それを裏付ける史料は見あたらない。当時の武家の婚姻は国政を左右する政略であり、私情をさしはさむことはゆるされなかった。とはいえ、今川義元を葬り、今川氏の衰退を招いた信長の娘を、最愛の息子の妻として迎えることには少なからぬ抵抗があったものと想像される。

織田家からは、かなりの数にのぼる徳姫付の侍女や家臣が派遣されてきた。それらがお大と夫の久松俊勝を中心に一大織田勢力を形成していった。ときを同じくして、家康は徳川軍団の再編成を行い、酒井忠次を東三河の、石川数正を西三河の惣先手侍大将にすえて支配させた。

先にもふれたように酒井忠次はお大とかかわりが深く、石川数正は信康や築山殿との信頼関係が強かった。嫁姑の対立に宿老同士の対立が複雑にからみあい、やがてぬきさしならない悲劇を生む結果となっていく。

浜松城に移った家康

永禄十一年十二月、武田信玄が駿河に侵攻すると同時に家康も遠江《とおとうみ》（静岡県西部）の攻略を開始して、引馬《ひくま》城（浜松）を手中におさめた。

元亀元年（一五七〇）六月、家康は岡崎城を嫡子信康にゆずり、浜松城に移った。十二歳の信康を補佐する傅役《もりやく》には、家康がもっとも信頼する平岩七之助親吉《ちかよし》を付け、築山殿も信康の後見として岡崎城にのこした。

元亀三年十二月、西上の途についた信玄の大軍を三方原《みかたがはら》に迎え撃った家康は、大敗して命からがら浜松城に逃げかえった。その信玄も病には勝てず、翌元亀四年四月十二日、信州伊那郡駒場の陣中で逝った。

武田信玄死去のうわさはたちまち周辺諸国に伝わった。強敵の死をだれよりもよろこんだのは信長であり、圧倒的な力の差を見せつけられた家康であった。気のゆるみがでたのか、妻の目のとどかない浜松城で家康は若いお万という侍女を寵愛するようになる。

お万が家康の子をはらんだと知った築山殿が逆上し、お万を裸にして縛りあげ、さんざんに折檻したと伝えられている。そのまま城内の木の茂みにほうりだしてあったのを、泣き声を聞きつけた本多作左衛門重次が救いだし、ひそかにかくまって産ませたのが二男の於義丸《おぎまる》、のちの越前中納言秀康だという。

お万が懐妊したのは家康が浜松城に移った三年後のことで、築山殿は岡崎城にいるのだから、まったく話のつじつまが合わない。ここにも築山殿の嫉妬深さを強調するための作為が感じられる。

むしろ真相に近いと思われるいきさつが越前家に伝わっている。それによれば、お万は浜松城にいた家康付の侍女で、家康を怒らせて城を脱けだし、伯母のもとにかけこんだ。城にもどるようすすめても、帰れというなら死んでやるとごねて、伯母の家で双子を産んだ。その一子はすぐになくなり、一子が秀康だという。家康が生まれたわが子になかなか会おうとしなかったのは、自分の子かどうか疑ったからではないかと思われる。

それを知った信康が不憫《ふびん》に思い、於義丸を岡崎城につれ帰り、来城した家康に願って親子の対面をさせたということからも、お万が家康付の侍女であったことは明らかである。家康とのいざこざを築山殿にすり替えてしまったのだろう。

父から無視された庶子の於義丸を正式な親子としてみとめさせたこの一件からも、信康のあたたかな人柄が感じられ、人を統《す》べるリーダーとしての伎倆もかね備えていたことがわかる。

信康は十五歳で初陣して以来、天正三年（一五七五）五月、武田勝頼を打ち破った長篠の戦いにも参陣した。その勢いに乗じて家康は光明寺城、諏訪原城をつぎつぎと攻略し、武田領と国境を接した大井川河口の小山城に迫ったため、勝頼は二万の大軍を率いて駿河の岡部、さらに藤枝まで進出してきた。退却を決意した家康に、信康はみずから殿《しんがり》軍をかってでてみごとな武者ぶりを発揮した。内心危惧していた家康は、「信康天晴な武将かな。あの形勢にては、勝頼大軍十万なりとも、挫く事あたふ可らず」と賞賛したという（『改正三河後風土記』）。

こうした信康の武勇も、老臣たちには粗暴な行動とうけとめられたようだ。とりわけ歴戦の猛者である酒井忠次は、果敢に踏みとどまった信康を顧みずに兵を引いて退却した。忠次ら老臣たちには、若い信康の指揮にしたがう気はなく、むしろ張り合う気持すらあったように見受けられる。戦場では親子、主従といえども功を競うのがつねとはいえ、忠次の態度には今川の血を引く信康への根深い反感も見てとれる。

信康と築山殿の罪状

信康のたぐいまれな才能を評価したのは敵将の武田勝頼である。父家康とともに諸軍を指揮する緩急自在な戦いぶりに舌を巻き、「成長ののちが思いやられる」と評したほどであった。信長も、早くから信康の才気を見ぬいていたと思われる。信康が成長したあとの織田と徳川の力関係を冷静に分析したことだろう。どう見てもわが嫡子信忠との差は歴然としており、織田が徳川の軍門に降るのはまちがいない。将来の禍根を断つにしかず、と非情な判断を下したのではないか。

信長は長篠の戦いのときも酒井忠次の武勇をほめあげ、すっかり懐柔している。天正七年（一五七九）七月十六日、信長に馬を献上するため安土城をおとずれた忠次は、徳姫からあずかってきた書状を信長にわたした。そこには十二カ条にわたる夫信康と築山殿の謀叛の行状が書きつらねてあった。

信長に遺恨を抱く築山殿は、信康夫妻の仲むつまじさがねたましく、徳姫の産んだのが二人とも女子なのをみて、側室をおいて早く男子をあげよと信康にかきくどき、武田ゆかりの美女を側室にすすめて、徳姫とのあいだを疎遠にさせた。さらに甲斐からきた唐人医師の減敬を召しだし、これを介して武田勝頼に通じ、信康にも武田に味方するよう説得するとまで約束した。その代わり、織田と徳川をほろぼしたあかつきには、信康に父の所領のうえに、織田家所領の国もあたえ、自分には武田のしかるべき武将の妻とすべき請文を依頼したというのである。

築山殿付の侍女が文箱にかくしてあった勝頼からの誓詞を盗み見て、それを徳姫に仕える姉妹の侍女の耳に入れたというのだが、勝頼とはげしく戦っていた信康が武田に与《くみ》するはずがなく、まして家康の正室である築山殿が武田の被官にめあわせてほしいなどと頼むわけがない。本当に徳姫がこの書状を書いたのかどうかも疑わしい。

信長は忠次にこの十二カ条を一カ条ずつ読みきかせて、「知っているか」と問うた。忠次が「知っています」と答えて十カ条におよんだので、信長は「徳川家の長老がこれだけ承知しているのなら疑いようがない。信康に腹を切らせよ」と命じた。『三河物語』によると、このとき忠次が信康のために弁明していれば信長を翻意させることができたのに、忠次は「武勇に長じ、短慮にして孝心もないので、若いだけに敵に与するおそれもある」とまで答えて信長に決断をうながしたという。しかも忠次は、岡崎城主にふりかかった一大事を岡崎城の重臣にもはからず、岡崎を素通りしてただちに浜松におもむいたというのだから、これはもはや信康を陥れるための計略であったとしか思えない。

信長は、岡崎城における酒井忠次と石川数正の対立を巧妙に利用して、信康を抹殺する筋書きを仕立てあげたのではないか。はじめから仕組まれた謀略であることを、家康は見ぬいていたのだろう。傅役の平岩親吉が、自分が身代わりになって、死んで信長の怒りをときたいと申し出たにもかかわらず、その願いを聞き入れなかったのも、それが信長からつきつけられた踏み絵であると感じていたからだ。

さらにいえば家康は、事件の背後に母お大が深く関与していることも察知していたはずである。お大は築山殿との宿命的な対立に加え、石川数正と平岩親吉にたいして含むところがあった。天正三年に、織田と徳川の連合軍が木曾川に近い武田方の岩村城を攻めたときに、城内の兵糧がとぼしくなったため、商人に調達させた。たまたま刈谷城主水野信元が事情を知らずに米を売ったことを信長の家臣佐久間盛信に讒言《ざんげん》され、異心を抱いたと信長に疑われたのだ。

このときも信長は、家康に信元を殺害するよう命じた。家康は事情を知らないお大の夫久松俊勝に命じて信元をよびだし、石川数正と平岩親吉に殺害させたのである。水野氏の没落はお大にとって思いもよらない衝撃であり、直接手を下した数正と親吉は、お大の深い恨みをかうことになってしまったのである。

東三河を代表する立場にある石川数正が、築山殿と信康の処分にまったく関与した形跡がないことから、お大や酒井忠次を中心とする勢力による暗殺計画が内密に練られたのだと思われる。石川数正や平岩親吉らが事前に察知していれば、家中は分裂しかねない抗争となる。家康が苦渋の決断を迫られたのは、織田氏にたいしてというよりも、むしろ徳川内部の対立に終止符を打つことであった。

佐鳴湖畔での暗殺

天正七年八月三日、浜松から岡崎に出むいた家康は、その日のうちに信康を大浜に移した。翌四日の夜半、雨のなかを信康が岡崎城にいる家康のもとにきて親子で話しあっていたが、そのまま信康は大浜へ引き返したという（『家忠日記』）。十日には二俣城に移し、信康への音信を禁じた。

家康が浜松に帰ったのはその二日後のことで、築山殿についてはいっさいお構いなしである。それがなぜ、一転して殺害されてしまったのか。

信康の処分をきめる前に、家康は信長にたいして、あらためて信康の進退をうかがっている。助命のことばを期待した家康であったが、「家康公の意のままに」と突きはなされてしまう。わが子の無実を知りながら、腹を切らせなければならない。この事態を築山殿が承服するはずがなく、築山殿と信康に与する家臣団が暴発しかねないおそれがあった。それを避けるためにも、信康に切腹を命じる前に築山殿を殺害せざるをえなかったという推論も成り立つ。

信康の助命を請うために築山殿を犠牲にしたといわれているが、信長の意図はあくまで信康の抹殺にあり、築山殿の死によってあがなわれるものではなかった。平岩親吉が身代わりになると申し出たときも、むだ死ににになるとわかっていた家康が、築山殿を身代わりとして殺害したとは思えない。

八月二十五日ごろ、築山殿はあわただしく岡崎を発って浜松にむかった。家康によびだされたためか、それとも、みずからの意志ででかけたのか。おそらくその両方で、家康のよびだしをうけたのを機に、信康の無実を訴えようとしたのだろう。

岡崎から姫街道を通り、本坂峠から三ケ日《みっかび》にでた。ここから舟で浜名湖を南下して、川沿いに東に進み、そのまま佐鳴湖《さなるこ》に入った。舟は佐鳴湖の東端、富塚の入江に近づいた。ここで下船すれば、家康のいる浜松城まであと二キロの道程である。随行した武士たちのほとんどがお大に属していたというのも、この事件をとくカギとなろう。築山殿は舟を降り、小藪村に入ったところで殺害された。

史書によっては自害したとしているものもあるが、殺されたと考えるのが自然だろう。地元には「築山殿のたたり」といわれるぶきみな伝説が数多くのこっていることからも、恨みをのんで死んだ築山殿の霊にたいするおそれが、里人にそう感じさせたのだと思われる。たとえば、築山殿の首をはねた野中重政が血にぬれた太刀を近くの池で洗った。以来その池はずっと赤くにごったままだったといわれ、「太刀洗《たちあらい》の池」として、湖畔の惨劇をいまに伝えている。

これを執筆しているさなかにちょうど岡崎での講演があり、その帰りに浜松へ立ち寄った。まず西来院をおとずれて築山殿の墓前に参詣し、そこから佐鳴湖入り口の小藪とよばれた辺りを歩いてみた。いまも葦《あし》がそよぎ、野鳥がさえずる静かなこの湖畔で、築山殿は殺されたのだ。西来院に築山殿の廟堂が再建され、百回忌法要が営まれてようやく池の水が澄んだといわれる。これにちなんで、はじめ「西光院殿政岸秀貞大姉」と号した法名は「清池院殿潭月秋天大禅定法尼」とあらためられた。

築山殿が殺されたのは八月二十九日である。大久保忠世の監視をうけて二俣城に幽閉された信康も、九月十五日に自害し、母のあとを追った。『三河物語』には「上下万民、声を引いて、悲しまざるはなし」と書かれている。

織田氏との力関係からそれに服従するしかなかったとしても、父子の情愛よりも家の存続を優先させた家康の苦悩は史料からはわからない。夫が放った刺客に殺される瞬間、築山殿の胸を去来したものは何であったのか。いまとなっては知るすべもないが、築山殿に淫乱《いんらん》な女の烙印《らくいん》を押してことさらにおとしめ、謀叛人に仕立てた虚構の伝説のみが史料にのこされた。その冤罪《えんざい》だけは、築山殿の名誉のためにもそそぎたい。

第二章

神に救われた戦国一の才女

細川ガラシャ

坂本の西教寺

数年前になるが、紅葉の季節におとずれた京都のあまりの人出におそれをなして、滋賀県大津市に足をのばした。比叡山東麓の坂本地区には三井寺（天台寺門宗の総本山園城寺）をはじめ、日吉大社など奈良時代にまでさかのぼる史跡が多く、紅葉の名所でもある。近くにある西教寺《さいきょうじ》の紅葉がまたすばらしいと聞いていたが、ここが明智光秀と深いかかわりがある寺だということを、現地をおとずれてはじめて知った。

京阪石坂線の坂本駅から歩くと二十分近くかかる。西教寺は阿弥陀如来を本尊とし、念仏を重視した天台真盛宗の総本山である。元亀二年（一五七一）九月、織田信長の比叡山焼き討ちによって西教寺も焼失した。光秀が近江国志賀郡を信長からあたえられたのはそのあとで、比叡山の本拠地であった坂本に城を築いた。さらに、焼き討ちによって破壊された西教寺の復興に尽力する。元亀四年三月には西教寺の仮本堂が再建された。光秀が今樫田の合戦で戦死した部下の霊を弔うため、寺に供養米を寄進したという文書も現存しているという。

光秀の援助によって再興された西教寺は、のちに明智家の菩提寺となった。境内には光秀の供養塔が建てられ、光秀の妻熙子《ひろこ》をはじめ、明智一族の墓が数多くのこされている。光秀が山崎の合戦に敗れたあと、坂本城に火をかけて果てた人たちである。

西教寺の本堂の片隅にオルガンが無造作におかれているのが目にとまった。寺院にオルガンというとりあわせに興味をそそられて、紅葉をみる目的がいつのまにか頭からはなれてしまい、洗礼名をガラシャとよばれた光秀の娘玉子におもいをはせた。

玉子が生まれたのは永禄六年（一五六三）、父光秀が越前国一乗谷《いちじようがたに》の朝倉義景《よしかげ》に仕えていたころだと思われる。光秀が信長に見いだされたのが永禄十一年（一五六八）で、それまでの光秀の動静はよくわからないが、足利義昭《よしあき》が信長を頼って越前から美濃の岐阜城に移った際に、すでに信長の家臣だった光秀が仲介の労をとったことが史料からも裏付けられる。

光秀の家系については史書によってまちまちで、一般に引用される『明智軍記』の系図も、高柳光寿氏はまったく信用できないとしている（『明智光秀』）。しかし、軍記物以外に手がかりとなる史料もなく、『細川家記』（『綿考輯録《めんこうしゆうろく》』）などを参照しながらみていきたい。

光秀は美濃国明智村の豪族であった父光綱が早死にし、さらに後見人の叔父光安も討たれてしまい、幼くして独り立ちする宿命にあった。若き日の光秀は武術にはげみ、各地を遍歴して主君とすべき有力な武将をさがしもとめていたという。

光秀の妻となった熙子は、『細川家記』によると妻《つま》木《き》勘《か》解《げ》由《ゆ》左衛門範熙《のりひろ》の娘で、光秀とのあいだに三男四女をもうけた。『明智軍記』の系図では玉子は三女と記載されているが、田端泰子氏が綿密な史料の検討から作成した系図によると、玉子は四人姉妹の四女で、下に三人の弟があった（『細川ガラシャ』）。

七人の子はいずれも熙子の所生である。熙子の人となりを『明智軍記』は「賢女の名ある人なり」と記しているように、光秀が家族を連れて諸国を遍歴していた不遇な時代も、夫をささえた賢い女性だったのだろう。妻子と苦労をともにしたせいか、光秀は戦国武将にはめずらしく家族おもいの誠実な人柄で、茶の湯や連歌にも秀でた文化人であった。

坂本城の城郭がととのうのは元亀四年ごろで、玉子が十一歳のときである。田端氏も指摘しているように、それまで琵琶湖の湖上交通をはじめ漁業や商業を一手に掌握していた

明智光秀画像／岸和田・本徳寺蔵

樫田衆が信長の軍門に降り、光秀の配下になったことの意味は大きい。坂本を中心とした志賀郡の支配から琵琶湖舟運の統括、さらに比叡山延暦寺の監視はもちろんのこと、信長と不和になった将軍足利義昭の監視まで、光秀が信長の政権下でいかに重要な役割を担っていたかがうかがえる。

室町幕府の幕臣だった細川藤孝《ふじたか》（のちの幽斎《ゆうさい》）は義昭に仕えていたので、義昭が朝倉義景を頼って越前国一乗谷にいたときに光秀と知り合ったのだろう。永禄十一年九月、信長が義昭を奉じて入京を果たした背景には、先にもふれたように信長に仕えていた光秀の働きかけがあり、義昭の使者としてつかわされた藤孝との連携があったことは容易に想像できる。その義昭が信長と決裂するに至り、藤孝は義昭を見かぎり信長に乗りかえたのだ。

元亀四年二月、いったん信長に降伏しながら、七月に山城国槇島《まきしま》城にふたたび挙兵した義昭はまたもや討伐され、室町幕府はあえなく終焉する。このときの戦功により、細川藤孝は信長から桂川西地をあたえられ、青龍寺《しょうりゅうじ》（勝龍寺）城を拠点に京都西郊を支配することになった。

光秀と藤孝との結束をさらに強固なものとするため、信長は藤孝の嫡子与一郎忠興《ただおき》と光秀の四女玉子の縁組を命じた。天正二年（一五七四）のことである。

忠興との結婚と離別

天正六年（一五七八）八月、同い年で十六歳になった忠興と玉子の婚礼が細川家の居城青龍寺城で挙行された。主君信長の肝煎りによる両家の婚姻を、光秀はもちろんのこと、藤孝と忠興も「家門の面目」とよろこんだという。

玉子の夫となった忠興は十五歳で初陣し、父藤孝とともに信長にしたがって紀伊国雑賀《さいが》一揆の討伐にも加わった。幼いころから剛勇な性格で、戦場でも臆することなく果敢に攻めた。若年なのに武功をあげたと信長にみとめられ、側近く仕える小姓にとりたてられる。父親同士も親密な間柄で、しかも両家は隣国同士。政略結婚とはいえ、玉子にとってはめぐまれた門出といえる。

夫の忠興だけでなく、当代一級の文化人といわれた舅の藤孝も、人並すぐれた容色に加えて、琴や笛の演奏も巧みな玉子をこよなく愛したという。若い忠興が玉子を独占したくなるのも無理はなく、嫉妬にかられるほどの才媛だったのだろう。

両家の婚姻に先立ち信長から丹波・丹後の平定を命じられた光秀は、与力《よりき》として付属させられた藤孝・忠興父子とともに各地を転戦していた。夫が合戦に出むいているあいだ、

細川ガラシャ／内田青虹筆

城主の妻は城を守り、家臣の家族を管理し、食料の備蓄から武器の補給にまで目くばりしなければならない。姑の藤孝夫人（沼田上野介光兼の娘）とともに嫁の玉子もその役割を担ったことだろう。

結婚の翌年に長女長《ちょう》が生まれ、天正八年四月には嫡男忠隆《ただたか》が誕生している。丹波・丹後が平定されて信長の手中に入ったのはこの年の六月で、光秀は丹波をあたえられて亀山城主となり、藤孝は宮津城主として丹後を領することとなった。

順風満帆にみえた玉子の人生も、父光秀が主君の信長を討った本能寺の変によって一変する。天正十年（一五八二）六月二日、備中で毛利氏と対陣している羽柴秀吉の援軍を命じられた光秀が、こともあろうに、京都の本能寺に宿泊していた信長を襲い、自害させてしまったのである。二条城にいた信長の長男信忠も光秀の軍勢に囲まれ自害した。

光秀にとって大きな誤算だったのは、当然味方をしてくれると思っていた藤孝・忠興父子が加勢しなかったことだろう。光秀の誘いをうけた藤孝は同心せず、主君信長への弔意をあらわして剃髪し、幽斎玄旨《げんじ》と号して隠居した。忠興は怒りのあまり、光秀がつかわした使者の沼田光友を殺そうとしたが、使者に咎《とが》はないと藤孝がとめて帰したといわれる。

忠興は「御身の父光秀は主君の敵なれば同室叶ふべからず」と玉子に告げて離縁し、人里離れた丹波の山中「三戸野《みどの》」(味土野)に幽閉したとされる。輿入れの際に明智家から付けられた侍女の小侍従と数人の家臣に、玉子の人柄を慕い側近く仕えていた清原いとが味土野におもむいた。いとは細川家の親戚筋にあたる公家の清原家の出身で、明経道《みょうぎょうどう》を家業としてきた家柄だけに儒学の素養もあり、キリスト教を信仰し、のちに受洗して洗礼名をマリアといった。

いとの父清原枝賢《しげかた》は、幽斎のいとこにあたる高名な儒学者である。天文末年には松永久秀の要請で、バテレンと宗論《しゅうろん》をたたかわせ、以来キリスト教を深く理解してキリシタンに改宗したという。娘のいとが儒学とともにキリスト教を信仰するようになったのも、父の影響からだと思われる。

そのいとが幽閉先の味土野に付いてきてくれたことは、玉子にとって大きなささえとなったことだろう。玉子の内面の苦悩をわかちあえる話し相手であり、のちにバテレンを驚嘆させた玉子の学識や教養は、味土野での幽閉時にいとをとおして培われたものであったと思われる。

光秀謀叛の真相

人も通らないようなさびしい山中に幽閉された玉子は、なぜ父が主君信長に反逆したのかを問いつづけたことだろう。

その理由については古くから、信長にたいする怨恨からだとも、天下取りの野望からだともいわれているが、光秀が藤孝父子につかわした使者の書状には、「信長我に度々面目を失わせ、我が儘《まま》の振る舞いのみあったので、父子共に討ち亡ぼし、鬱憤を散じた」とあり、にわかに逆意を企てたのも一朝一夕のことではないとして、信長が光秀に加えた数々の理不尽なふるまいを列挙する（『細川家記』）。

その第一にあげたのが、稲葉一鉄の家臣であった斎藤利三《としみつ》（春日局の実父）を光秀が召しかかえた一件である。一鉄が信長に訴えたため、信長は、利三を一鉄に返すよう光秀に命じた。しかし、光秀があれこれ理由をつけてしたがわないため、激怒した信長は諸大名の面前で光秀のもとどりをつかみ、柱に頭を打ちつけ、鼻血がでるほど頬を数回なぐった。武士にとっては絶えがたい恥辱であり、面目を失った光秀は深く恨んだという。その直後に信長は右大臣に、光秀も丹波一国に近江の内を合わせて三十七万石の大名となったのに、このようなふるまいは無礼至極だと信長は諸人から非難された。

第二の理由が、天正十年五月に家康が安土をおとずれた際、接待役を命じられた光秀が全力をあげて準備をととのえていたのに、秀吉が中国から加勢を乞うてきたので、光秀もその人数に入れ、馳走役を織田信包《のぶかね》に命じた。光秀の面目は丸つぶれとなり、せっかくとのえた膳のすべてを処分してしまったという。

ほかにも光秀が信長に遺恨を抱く理由をあげているが、それよりも光秀の心を凍らせ、信長への不信をつのらせたのは、波多野氏と荒木村重《あらきむらしげ》一族の処刑であったと思われる。信長から丹波攻略を命じられた光秀が、八上城《やがみ》攻めで、城主の波多野秀治の誘降に成功するが、信長は光秀の意向を無視して秀治を処刑した。そのため違約を怒った波多野の家臣らは、人質となって八上城にいた光秀の母（一説に義母、または伯母とも）を磔《はりつけ》にしたという。

荒木村重の伊丹城が降伏したときも、信長は村重が妻子や家臣を置き去りにして逃げたことに激怒し、村重の妻子一族三十余人を京都に護送させて市中引きまわしのうえ、六条河原で処刑した。さらに家臣やその家族まで百二十人ほどを七本松で磔にしたという。それらの処刑の奉行をつとめていたのが忠興であった。忠興の顔を見知っていた荒木一族の娘や女房たちは口々に「与一郎様、頼みまする」と泣きさけんだという。

妻子や女房衆といった非戦闘員まで見せしめのために極刑に処するなど前代未聞のことである。村重の嫡子村安《むらやす》に嫁いでいた光秀の娘（おそらく長女）は直前に離縁され、かろうじて縁座をまぬがれた。のちに明智左馬助光春《さまのすけみつはる》の妻となった玉子の姉である。夫と妻方の親族が敵味方にわかれたとき、妻の去就は束縛せず、妻方に返すのがそれまでの通例であった。妻子の殉死の風習は荒木村重討伐以後にできあがったものであると田端氏が『日本中世の女性』で論考されているように、信長と秀吉の全国平定過程で謀叛にたいする弾圧と縁座が苛烈になっていったことがわかる。

これまでの常識では考えられない信長のやり方に、光秀はついていけなくなったのだろう。つもり積もった恨みというよりも、明日はわが身という恐怖感が高じた末の行動ではなかったのか。信長にとっては、光秀の裏切りは予想外のことで、その油断が本能寺の変を引き起こしたのだと思われる。

味土野の玉子

玉子が幽閉された丹波山中の味土野には、明智家の茶屋があったという（『明智軍記』）。だとすれば、形のうえでは離別して実家の所領に帰したことになる。細川家からつかわされた警固の武士や侍女は、玉子が輿入れするときに明智家から付いてきた人びとであった。

このころ玉子から父光秀にあてた手紙には、「腹黒なる御心故に自らも忠興に捨てられ、幽なる有様なり」（『細川家記』）と恨みごとが書かれていたというのだが、これはあくまで細川家の記録であり、どこまで真実か疑わしい。家族おもいの父光秀と、夫をささえて献身的に仕えた母煕子に育てられた玉子の心中は、それとはまったくちがっていたと思われる。玉子がうけた衝撃は、父の謀叛もさることながら、家門を守るためには義理も情もかなぐり捨てて、保身に徹する舅と夫の非情さであったろう。

幼い二人の子どもと引きはなされ、味土野に幽閉されているあいだ、忠興の側室お藤がおこほという名の女児を産んだ。お藤は荒木氏の一族郡主馬宗保の娘で、京都で処刑されるところを乳母がかくして命拾いをした。のちに光秀の娘婿である織田信澄（信長の甥）の側に仕え、次いで明智光春夫人（玉子の姉）に仕え、玉子の侍女としてつかわされたのだという。

おこほが生まれたのが天正十年十月だから、忠興の側室となったのは本能寺の変の前ということになる。お藤は松の丸殿とよばれて寛永六年に豊前国小倉でなくなり、お藤の産んだおこほはのちに家臣松井興長の妻となっている。味土野でのくらしを余儀なくされている玉子にとって、お藤の存在はけっして愉快なことではなく、夫忠興との距離は広がるばかりであったろう。

身をかくす　里は吉野の奥ながら　花なき峰に呼子鳥《よぶこどり》なく

玉子が味土野でよんだと伝えられる和歌からも、子どもたちと別れてくらす玉子のつらい現実がうかがえる。玉子には長女長と長男忠隆のほかに、二男興秋《おきあき》、三男忠利《ただとし》、二女多《た》羅《ら》、三女万が生まれている。玉子は味土野に幽閉される際、すでに懐妊していた。

『寛政重修諸家譜』には、三男忠利は天正十四年（一五八六）丹後国に生まれたとあり、天正十二年に秀吉から忠興との復縁をゆるされて丹後の宮津城にもどってからの出産であるのは明らかである。しかし、二男興秋については生年の記載すらなく、関ヶ原合戦後の慶長十年に人質として江戸におもむく途中で出奔し、のちに豊臣秀頼に属して大坂の役で籠城したため、父忠興の怒りをうけて自殺させられたと簡単な系譜が記されているだけである。

『細川家記』は興秋の出生を天正十一年としているので、幽閉先の味土野で出産したことになる。離縁された最中に生まれたわが子を、玉子はなおさらいとおしく思ったことだろう。

復縁して丹後宮津城に帰っても、以前のような夫婦の関係にはもどれなかった。玉子が正室の座に返り咲いても、忠興にはすでに側室のお藤がいて、おこほという娘まで生まれているのだ。豊臣政権下で、大名の妻子は人質として京都の聚楽第周辺か大坂城下に住むことを義務づけられた。大坂玉造の屋敷ができてからは、もっぱら大坂に住むようになったのだろう。

『日本史』を著したルイス・フロイスは、忠興について「妻にたいする過度の嫉妬」をあげ、玉子にたいして「極端な幽閉と監禁」を行ったとのべているが、大坂城下に妻子を人質としておく以上、邸内に出入りする者を監視し、玉子の住まう奥には家臣といえども男子禁制として踏みこませず、妻の行動にも目くばりするのは当然のことであったろう。

冷えきった夫婦関係

謀叛人の娘という重い宿命を背負った玉子が、仏教に救いをもとめても心の安らぎは得られなかった。玉子はしばしばうつ病に悩まされるようになっていく。一日中室内に閉じこもって外出せず、自分の子どもの顔さえ見ようとしないことさえあったという（『フロイス日本史』）。感情の起伏がはげしくなり、ささいなことで怒りをあらわにした。玉子の怒りは外に向かって爆発するのではなく、内側にこもるのでなおさら始末が悪い。忠興との壮絶な夫婦げんかを伝える逸話の数々も、このころのことであったろう。

あるとき、男子禁制の奥の台所に事情を知らない新参者がのこのこ入ってきた。それを見つけた忠興は激怒して、その場で手打ちにしたうえ、刀についた血を玉子の着ていた小袖でぬぐったのである。しかし、玉子は顔色ひとつ変えずに平然としている。そればかりか、血のついた小袖を着替えようともせず、何日も着つづけた。さすがの忠興もたまりかねて、「おまえは蛇《じゃ》か」というと、玉子はすかさず、「鬼の女房には蛇がお似合いでございましょう」と返したという。

また、あるとき、忠興と玉子が食事をしていたところ、玉子の御飯のなかに髪の毛が混じっていた。それに気づいた玉子がそっととりのぞいたのを忠興が見とがめ、「不始末をかばう気か」とわめきたてて、ただちに台所人の首を切り、その首を玉子の膝のうえにおいた。しかし玉子は一言も発することなく、膝もくずさず終日そのままでいた。忠興はわがふるまいを悔いて、父幽斎から詫びを入れてもらい、ようやくその首をとりのぞかせたという。

忠興の暴力を挑発するかのような、玉子のかたくなさである。それがなおさら忠興をいらだたせ、凶暴な行動へとかりたてていったのだろう。何とも救いようのない、冷えきった夫婦関係である。玉子は忠興との離婚をのぞんでいたとフロイスは伝えている。

玉子がキリスト教に関心を抱くようになったのは、忠興の友人でキリシタン改宗運動の先頭に立っていた高槻《たかつき》城主高山右近《うこん》の影響が大きかった。忠興をとおして知りえた右近の説くキリシタンの教えに共鳴し、そこに一条の光を見いだそうとしたのだろう。

信長が積極的に宣教師をうけいれ、ポルトガルとの南蛮貿易を推進したため、急速に信徒数が拡大し、天正十一年に書かれた巡察使ヴァリニァーノの報告『日本諸事要録』によると、九州や畿内を中心に十五万人の信徒を数えるまでになったという。

天正十五年（一五八七）六月、九州平定をおえた秀吉がキリシタン禁教令を発して、宣教師の国外退去を命じたのは、すさまじい勢いで拡大しつづけるキリシタンに恐怖をおぼえたためではなかったか。秀吉の目には、信長が手こずった一向門徒と同じく「天下のさわり」になると映ったのだろう。信長が生神として祀られようとしたように、神になることで日本に君臨しようとした秀吉も、デウスの王国をめざすキリシタンを排除しはじめたのである。

受洗した玉子の変化

玉子が大胆な行動に打ってでたのは、秀吉の九州征伐にしたがって忠興が出陣したあとであった。またとない好機に、玉子は信頼する数人の侍女に胸のうちを告げ、監視の番人に気づかれぬようキリシタンの教会に説教を聞きにいく方法はないものかと相談した。たまたまこの日は彼岸にあたり、人びとは寺院に墓参りにでかける。そこで侍女たちは、墓参をよそおってでかけることを提案した。

玉子たちは首尾よく屋敷をぬけだすと、教会に向かった。幸運にもその日はちょうど復活祭であった。玉子は教会を眺め、とりわけ美しく映じた救世主の肖像に心を奪われた。説教を聞きたいと取次ぎを乞うと、別室に招かれた。しばらくして、日本人のコスメ修道士が外出先から帰り、ただちに説教をしはじめた。

時間のないなか、玉子は説教を中断させたくないと悩みながらも、つぎつぎと疑問をぶつけた。霊魂の不滅について、さらには禅宗の教義や儒学の教えをもちだしてキリスト教への反論を試みたという。コスメ修道士は玉子の理解力と頭脳の鋭敏さにおどろいて、のちに「自分は過去十八年間のあいだ、あらゆる宗派についてこれほど明晰かつ果敢な判断ができる日本の女性と話したことはなかった」ともらしたほどであった。しかし、かぎられた時間のなかで十分に納得がいくまでには至らなかったようだ。

玉子はコスメ修道士に「聖なる洗礼を授けてほしい」と願い、今日聞けなかった説教のすべてを知りたいので「教理本」を拝借して学びたいと申し出た。司祭たちは玉子が何者であるかを知らず、もしや関白秀吉の側室ではないかと疑ったため、玉子の願いはかなえられず、その日は帰された。

細川邸では外出した侍女たちの帰りがおそいことから、奥方も外出されたとさとり、駕籠でむかえにきた。司祭たちは、玉子がいかなる身分の人なのかをたしかめようとして、一人の若者に尾行させ、どこの屋敷に入って行くかを見届けさせた。その報告によって、かの貴婦人が「細川越中殿（忠興）の奥方」であることを知るのである。

ふたたび外出の機会を得ることがむずかしい玉子に代わり、上臈をつとめていた清原いとが教会におもむき、説教に関して玉子が書きしるした疑問を修道士にたずねて、その返答を持ちかえった。幼いときから儒学の教養を身につけ、キリシタンに深い関心を抱いていた清原いとは、すべての説教を聞き終えると、ついに洗礼をうけてマリアの教名を授けられた。

いとが洗礼をうけたのを機に、玉子は侍女たちにも理由を付けて外出させては教会に行かせ、洗礼をうけさせた。その数は十六人に達し、玉子の乳母や細川家の家臣たちまで改宗させている。玉子自身も教理本をとおしてキリスト教への理解を深め、疑問を書きとめてはマリアに教会へもたせて、回答を得ていた。

改宗したマリアや侍女たちの報告を聞いて、玉子は羨望の念にかられ、それができないわが身の不幸を嘆いた。司祭たちは玉子の希望をかなえてやりたいと、清原マリアの手によって自邸で洗礼をほどこすことにした。

マリアから洗礼をうけ、神の恩寵を意味する「ガラシャ」の教名が授けられた。丹後に教会堂を建てて、領民を改宗させるとの誓いを立てた玉子は、生まれ変わったように内的な変化を遂げた。キリシタンとなってからは明るく快活になり、怒りやすかったのが忍耐強く、かつ人格者となり、気位の高さは謙虚でおだやかな性格に変わった。まるで別人になったかのような変貌ぶりに、側近の人びともおどろくばかりであったという。

九州の島津征伐から帰還した忠興は、すぐに玉子の変化に気づいた。改宗したと妻から告げられたわけではなかったが、不在中に入信したのは明らかである。しかも本人ばかりか、侍女や幼い二人の子どもにまで洗礼をうけさせた。忠興は激怒し、見せしめに、キリシタンとなった玉子の乳母のささいな過ちをとがめて、鼻と耳を削いで追いだしてしまった。さらにキリシタンとなった侍女の髪を切って寺に送りこみ、侍女頭のルイザをもてあそぼうとしたため、コスメ修道士らの手を借りて玉子が安全な場所に逃れさせた。

キリシタンの説く「一夫一婦制」こそ理想の結婚と感じた玉子は、側室をもつことを当然と考える忠興と、これ以上夫婦関係をつづけることに耐えられなくなっていたのだろう。さらに秀吉の「伴天連追放令」の発布によって高山右近が追放されたことも、玉子に忠興との離縁を決意させたものと思われる。

散りぬべき時知りてこそ

玉子は離縁したいとのぞみながら実行できずにいた。忠興は棄教の命令にしたがわない玉子を、憎みながらも愛していたのだろう。丹後に教会を建て、領民の大改宗を企てている玉子は、忠興にとって細川家をほろぼしかねない危険な妻であったはずなのに、離縁もせず、キリシタンになったことを外部に知られないようかくしとおした。

受洗した翌天正十六年（一五八八）に二女多羅を出産し、その十年後の慶長三年（一五九八）には三十六歳で三女万を産んでいる。秀吉が没したのはこの年の八月で、遺児秀頼の後見を頼まれた前田利家が翌慶長四年閏《うるう》三月に没したのを機に、政権簒奪《さんだつ》をねらう家康が動きはじめた。奉行の石田三成を憎悪する細川忠興、池田輝政、加藤清正、浅野幸長、福島正則、黒田長政、加藤嘉明《よしあき》ら「七人衆」が対立し、豊臣政権は内部分裂してしまったのである。

　嫡男忠隆は慶長二年正月に秀吉の命で前田利家の七女千世と婚姻していたため、前田家と細川家とは姻戚関係にあり、千世の姉豪《ごう》（秀吉の養女となった利家の四女）が宇喜多秀家の正室だったことから宇喜多家とも姻戚となっていた。そのため、忠興は利家の跡を継いだ前田利長と共謀して家康を討とうとしていると三成から讒言され、家康に疑念を抱かれて誓詞をさしだし、三男の忠利を証人（人質）として江戸に送った。利長も芳春院と号した母まつを証人として江戸につかわし事なきを得た。

細川三斎（忠興）画像／永青文庫蔵

　前田と細川を味方につけた家康は、関ヶ原合戦を前に、忠興にたいして、本領の丹後を安堵したほかに、豊後国速見《はやみ》郡杵築《きづき》六万石を加増した。豊臣家の「御恩」という名目で、味方についた大名に所領まであたえているのだから家康もぬけめがない。

慶長五年（一六〇〇）六月、家康が秀頼の「御名代」として上杉征討のため関東に出陣した隙をついて、石田三成のよびかけに応じて西国の諸大名が挙兵した。宇都宮に布陣していた忠興のもとに、大坂玉造邸をあずかる小笠原少斎からの第一報が届く。「三成らは諸大名の奥方を人質として大坂城に入れるとのうわさなので、そのことを上様（玉子）に申しあげると、決して登城しないとのことなので、留守中の義はお気づかいなさらぬように」とあり、これを読んだ忠興は満足したという。

玉子はすでに覚悟をきめていた。再三にわたる石田方の要請を拒み、少斎が「なにとぞ丹後へお逃がししたい」とすすめても、「忠興は逃げることを許容しない人です。出陣される前夜にいいおかれたこともあるので、一歩も邸の外へでることはありません」といった。少斎は「このように決心されたうえは、潔く死を遂げ、お供いたします」といって、家中の者もその準備にかかったという。

玉子は「敵が押し入ったならば自害するので、少斎が介錯するように」といいつけた。嫡男忠隆の妻千世が「わたくしも自害します」というのをとめて、近くの宇喜多秀家の邸に逃がした。奥に仕える侍女たちにも暇をだしたが、老女のおくと侍女の霜には落ちのびて、最期のようすを忠興に伝えるように命じた。この霜が、後年、忠興と玉子の孫にあたる光尚《みつなお》の求めに応じて、玉子の最期のようすを書き上げたものが『於しも覚書』である。

両人が「ぜひお供したい」というのを、玉子は「自分のことばに背くのなら、死んでもうれしいとは思わない。永らえて、最期のようすを伝えたならば、満足である」と語ったという。「子どものことは、わたくしのために子であれば、忠興のためにも子であるから改めていうにはおよばない。三宅藤兵衛を頼みにしている。このうえいわずもがなのことながら、側室藤を正室代わりにされることのないように」と遺言した。子どもたちへの形見の品と手紙をしたため、「心にかかることはなし」と、みずから髪をきりきり巻き上げ、少斎に胸元を長刀で突かせた。キリスト教では自殺を禁じていたため、やむをえぬ自害の仕方であったのだろう。

最期をみとどけて侍女のおくと霜が門外にでたときには、すでに屋敷内の火薬に火がかけられていた。玉子の辞世の和歌がのこされている。

散りぬへき　時しりてこそ世の中の　花も花なれ　人も人なれ

花は散るべき時を知って咲いているから美しいのであり、人の最期もそのようでありたい、との思いがこめられた和歌である。いまこそ夫婦のねじれた愛憎に決着をつけるときであり、キリシタンへの迫害がきびしくなるなかで殉教を遂げるときでもあった。それが細川家の「義」を守ることにもつながる。三十八年の玉子の生涯も、苦難のすえにみごとな花を咲かせた人生であった。

玉子の死は、のちの世までも「義死」として語りつがれ、関ヶ原合戦の帰趨にも大きな影響をおよぼした。石田方は玉子の壮絶な死におどろき、諸大名の奥方を人質にとる作戦をとりやめたという。これが家康にどれほど大きく貢献したかは、関ヶ原合戦に勝利したあと、家康が忠興をほめたことばが物語っている。

「今度忠興の妻が義を守って自害したので、三成は畏れ

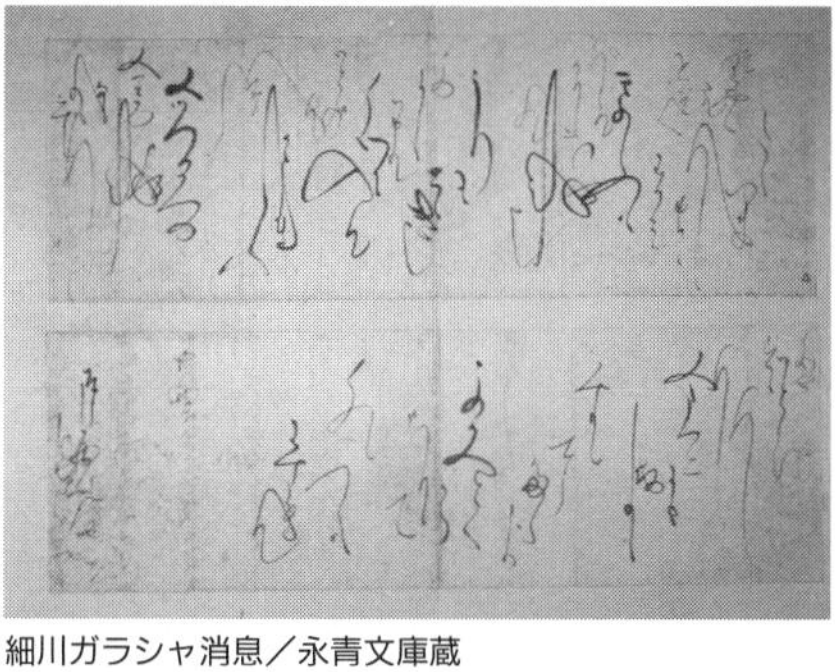

細川ガラシャ消息／永青文庫蔵

て人質をとり入れることはできなかった。今悉く諸大名の人質を取り返すことができたのは、是皆忠興夫妻の忠義である」(『細川家記』)

玉子の死の翌慶長六年八月に、忠興はオルガンティノ神父に依頼して、大坂の教会で玉子の葬儀を行ったという。徳川方への忠義立てとなった妻の死を、忠興はどんな思いでうけとめたのだろうか。

第三章　独眼竜の野望に翻弄された伊達家の女　義姫・愛姫・五郎八姫

政宗の愛憎に気づかない母義姫

独眼竜で知られた伊達政宗の母義姫《よしひめ》といえば、まず思い浮かべるのは、政宗が母から毒殺されかかったという事件だろう。凄惨な戦国時代にあっても、わが子を殺害しようとした母などわたしの記憶するかぎり例がない。伊達家の記録はすべて、兄にあたる出羽山形城主の最上義光《もがみよしあき》にそそのかされた義姫が、二男の小次郎に家督を継がせようとして企てた陰謀説をとっている。

母の身代わりに罪もない弟を誅殺した政宗も、冷酷な武将のイメージがつよい。これはなにも伊達家にかぎったことではなく、織田信長の母土田御前も、「大うつけ」と評された長男の信長よりも常識をわきまえた二男の信行に肩入れした。その結果、兄弟の争いは織田家の内紛に発展し、信行は兄の信長に殺された。

二代将軍徳川秀忠の正室江《ごう》もその例にもれず、二男の家光よりも三男の忠長を寵愛《ちょうあい》したために、家臣たちまで家光を軽んじるようになった。危機感を抱いた家光の乳母お福（のちの春日局）は、駿府の家康に訴えて世嗣のお墨付きをもらったという話は有名である。兄弟の確執はこののちも尾を引き、駿河大納言とよばれて駿河・遠江など五十五万石を領した忠長は所領没収のうえ甲斐に幽閉され、のち上野高崎城に移されて自害に追いこまれた。

いずれも母の偏愛が招いた悲劇である。名家の嫡子は生まれるとすぐに乳母がつけられ、さらに傅役から宿老までついて英才教育をほどこした。母親の出る幕はなかったのである。嫡男以外の男子も乳母が世話をしたが、規制はずっとゆるやかで、母のそばですごすことが多かったから、存分に愛されて成長する。手をかけた子は当然ながらかわいい。そしておもしろいことに、ここにあげた三人はいずれも母の期待にたがわず折り目正しい素直な子に育っていく。

恐妻家の秀忠は江に同調して三男の忠長をかわいがったが、信長の父信秀も、政宗の父輝宗も、母にうとまれた嫡男のすぐれた資質を見ぬいていた。それは戦国を生きぬく武将としての器量である。悲劇はいずれも父がなくなったあとでおきている。

政宗は五歳のころに疱瘡《ほうそう》をわずらって右目を失明した。もともと癇癖《かんぺき》がつよいうえに、片目を恥じて引っ込み思案な性格に変わり、なにかのはずみで怒りだすと手がつけられなくなった。

伊達家を背負うべき嫡男がそのようなありさまでは、母義姫の心労もひとかたではなかったと思われる。政宗には幼いときから乳母の喜多がつききりで世話をし、喜多の異父弟にあたる片倉小十郎景綱《かげつな》が傅役につけられた。政宗の下に妹が二人いたが、いずれも早世している。そのあとに生まれたのが末子の竺丸《じくまる》、のちの小次郎である。二人の娘を立てつづけになくした義姫は、竺丸を乳母に任せず、みずからの手で育て愛情のすべてをそそぎこんだ。

右目を失明したことから劣等感にさいなまれる日々を送っていた政宗が、母の愛を弟に奪われたという疎外感を抱いたとしても無理はない。しかし政宗にとって、年のはなれた弟は憎しみの対象とはなりえず、むしろ慕ってくる弟をかわいがっていた。その一方で、片目だから母に嫌われたのだと思いこみ、心を閉ざしてしまったのだろう。おそらく義姫は、政宗の気持にまったく気づいていなかったのだと思われる。

政宗毒殺未遂事件への疑念

義姫をたきつけて小次郎に家督を継がせようと画策する最上義光と、それに同調する伊達家中の動きを封じるため、輝宗はまだ四十一歳の男ざかりで引退し、十八歳の政宗に家督をゆずった。その父を、宿敵の二本松城主畠山義継《はたけやまよしつぐ》もろとも討ちはたさねばならなかった政宗の心中は痛恨のきわみであったろう。そればかりか、たった一人の弟小次郎までもわが手にかけて殺さなければならなかったのだ。

　事件は天正十八年（一五九〇）四月、政宗が関白豊臣秀吉に謁見するため小田原へ参陣する直前におきた。事件の経緯は伊達家の正史『貞山公治家記録』にくわしく記されている。それによると四月五日、政宗は会津黒川城で母の住む西館《にしだて》に招かれ饗応をうけた。御膳に箸をつけたところ、たちまち腹痛をおこしたため、急ぎ館にもどり医師の投薬をうけて、危うく一命をとりとめた。お供の御膳番が試食したところ、たちまち目がくらみ、血を吐いて息絶えたため、虫気（腹痛）と称して帰ったという説もあわせて記す。

　母が弟の小次郎に伊達家を継がせるために自分を殺そうとしたことに衝撃をうけた政宗は、その背後に伯父最上義光の陰謀があることを感じとった。同月七日、屋代《やしろ》勘解由兵衛景頼《かげより》を召して、ひそかに小次郎を殺害するよう命じたが、勘解由が再三にわたって辞退し

伊達政宗甲冑像／松島・瑞巌寺蔵

たため、やむなくみずから弟小次郎を手打ちにする。かわいそうだが母を殺すわけにはいかない、というのが理由であった。義姫はその夜、山形の最上家に逃げかえったと書かれている。

この毒殺未遂事件そのものに、わたしはずっと疑念を抱いてきた。毒味役がいるのがわかっていながら毒をもるなどあまりにも稚拙なやり方である。また毒入りの料理を食べて腹痛をおこしながら、その日のうちに平復しているというのも信じがたい。政宗のことを調べるほどに、その疑いはいっそうつよまるばかりである。

正史にあるように、義姫は兄の甘言にたぶらかされるほどおろかな女性ではない。それどころか、戦略家といわれた義光以上に政治的センスがあり、行動力にとんだ女性だったことがわかる。事件の二年前、政宗の誤算から伊達軍は大崎攻めに失敗し、大崎氏に加勢した最上義光の軍勢と一触即発の状態となった。当時、政宗自身は郡山で佐竹・蘆名《あしな》の連合軍とたたかっている最中で、救援にかけつけることができなかった。

政宗の窮地を察した義姫は、伊達と最上が対陣する両軍のあいだに輿で乗りこんだ。「双方兵を退くまではここから一歩も動きませぬ」と居すわり、面子が立たぬとしぶる義光を説得しつづけること八十日におよび、ついに両者を和睦させたほど、外交のかけひきにもたけた女性であった。

失敗の尻ぬぐいまでしてやったというのに、伯父の意をうけて和議の使者に立ったと思いこんでいる政宗は、母にたいして素直に感謝する気持にはなれない。秀吉が関東・奥羽の諸大名に「惣無事令《そうぶじれい》」をだして私戦を禁止しているにもかかわらず、それを無視して周辺諸国の侵略に血道をあげている政宗の行動をやめさせようとする義姫と、奥羽のもめごとに秀吉が介入してくること自体が気にくわない政宗との対立ははげしくなる一方である。

おそらく父の輝宗が生きていれば、義姫と同じように政宗をいさめる役割をになったはずである。ようやく重い腰をあげて、小田原に参陣しようと決意した政宗に、胸をなでおろした義姫であったと思われる。だからこそ門出を祝って政宗を招いたのだ。

政宗はふだんからよく腹痛をおこしている。いまでいう神経性胃炎で、剛腹なわりには神経が細やかなのだ。関白の命にさからって会津の蘆名をほろぼした政宗には、首をとられるかもしれないという不安からくる極度のストレスがあったのだろう。たんなる腹痛を母が毒をもったのではないかと疑った。母への屈折した愛憎が被害妄想となってふくらんだとしか思えない。伊達家の存亡にかかわると最上の伯父にそそのかされて、関白ににらまれた自分をなきものにしようと謀ったと邪推した政宗は、小田原に参陣した留守のあいだに小次郎を擁立する一派が謀叛をおこすのではないかとおそれた。

日付はないが事件後間もない時期に、政宗が側近（宛名は不明）に事件の経緯を知らせた手紙がある（『仙台市史　資料編10　伊達政宗文書1』）。御膳に毒をもったのは母だと思われるとうちあけたうえで、「このようなことは人にはいえないのでその方（おまえ）に聞かせた。世間へ広めてよいと思うことは伝えてほしい」と意味深な追而書《おってがき》でしめくくっている。政宗本人が語った義姫の毒殺未遂事件はたちまち家中に広まり、小次郎を擁立しようとしていた勢力の動きを封じこめる結果となった。

この推論を裏付けるかのように、これまでの定説をくつがえす新たな史料も発見されている。

母にあてた政宗の手紙

政宗が弟の小次郎を手打ちにした当夜、義姫は山形に逃げたと正史には書かれているにもかかわらず、事件のあともたびたび手紙のやりとりをしている。天正二十年（一五九二）正月（十二月に文禄と改元）にとどいた母からの手紙にたいする政宗の返書には、「このたび表裏をもって報告した蒲生《がもう》（氏郷《うじさと》）殿の一件を太閤さまは少しもお信じにならず、とても懇意にしてくださり、まるで昔の性山（輝宗）さまかと思われるほどのごひいきなのでご安心ください」と書いている。これは京都の聚楽第から出されたもので、二月二十五日の日付がある。

秀吉の奥羽仕置に反発しておきた葛西・大崎の一揆を政宗が煽動していると疑われた事件についてふれ、心配している母を安心させたいとのおもいがにじむ文面である。この手紙で朝鮮への出兵が三月一日と秀吉から命じられたことも知らせている。折り返し義姫から出陣をはげます手紙が肥前名護屋《ひぜんなごや》の政宗のもとにとどけられた。

和歌一首に梅花の一枝がそえてある。感激した政宗からも歌の贈答があり、名護屋に布陣している伯父の最上義光ともたびたび会い、かつて仲が悪かったときのことなどをたがいに語り合っているようすまで伝えているのだ。

朝鮮に渡海したあとも、義姫は手紙に添えて金子三両を送り、それにたいする政宗からの直筆の返書がのこされている。

異国の地で母の手紙をうけとった感激とよろこびが文面にあふれ、事件のわだかまりなどまったくみられない。母への土産物をさがしもとめるようすをいきいきとした筆致でつづり、無事日本に帰って今一度お会いしたいとくり返された手紙からは、母を慕う切ないほどの心情が伝わってくる。

　仙台市博物館ではじめて長い巻紙に細かい字でつづられた手紙を目にしたときの感動はいまでもわすれられない。政宗の本質にふれたおもいがした。自分を毒殺しようとした母と、これほど親密な関係がつづけられるだろうか。

　ずっと心にかかっていたこれらの疑問は、政宗の師である虎哉宗乙《こさいそういつ》の自筆書状によって氷解した。それは文禄三年（一五九四）十一月二十七日付で、京都にいる大有康甫《だいゆうこうほ》（政宗につよい影響力を発揮した大叔父）にあてた手紙である。そこには「政宗の北堂（母）、今月四日夜、最上に向かって出奔しました。お聞きおよびですか」とあり、義姫の出奔が事件から四年後であることが明らかになった。

　この新たな史料の発見によって、『貞山公治家記録』の出奔の時期が誤りで、事件後も義姫は政宗とともに会津黒川城から岩出山に移り、文禄三年十一月四日まで岩出山にいたことが証明された。事件後も二人のあいだでひんぱんに手紙のやりとりをしていることが、これなら納得できる。

　伊達家文書には、文禄三年十一月二十五日付で京都からだした母への手紙ものこされている。岩出山留守居役の屋代勘解由に託された手紙には、政宗が母のために京都であつらえた小袖がそえられていた。しかし、手紙も小袖も母の手元にとどくことはなかった。なぜ、この時期に義姫は出奔したのか。理由はわからないが、義姫が岩出山にいられなくなるような事情が生じたことはたしかである。四年前の毒殺未遂事件のうわさが国元でもささやかれていたのだろう。いかに気丈な義姫でも、わが子を毒殺しようとしたと疑われては立つ瀬がない。周囲の疑惑の目にさらされ、居たたまれなくなっての出奔ではなかったのか。

政宗にとって、小田原で秀吉に謁見してから秀吉がなくなるまでの数年間は失意のどん底にあり、先の見えない不安といらだちから側近たちとの確執や離反が相次いだ。義姫の出奔はきしみはじめた伊達家を象徴する出来事であり、政宗の身にふりかかる試練の序奏にすぎなかった。

弟の小次郎は生きていた?

義姫の出奔時期が事件の直後ではなかったと判明したいま、毒殺未遂そのものも疑わしくなってくる。小次郎を手打ちにしたこともはたして本当だったのかどうか。罪もない弟を殺した政宗を義姫がゆるすわけがなく、事件のあとも政宗のもとにとどまっていることからしていぶかしい。

小次郎の遺骸は、岩出山に移封されたのち、義姫が化粧田として政宗からあたえられた本吉郡津山町横山にある長谷寺《ちょうこくじ》南の山頂に葬られたとされる。『長谷寺縁起』によれば、この地に埋葬したのは小次郎の傅役小原縫殿之助《ぬいのすけ》で、事件から二年後の天正二十年正月だという。小次郎が手打ちにされた日に縫殿之助も誅殺されたとする『貞山公治家記録』の記述はここでも矛盾している。

数年前になるが、小次郎が生きていた可能性を裏付ける史料を偶然発見した。東京都あきる野市の大悲願寺に、政宗の来訪を示す「白萩文書」とよばれる政宗の手紙が所蔵されていて、その手紙の包紙裏面に、当時応接にあたった海誉《かいよ》（十三世住職）の弟子秀雄《しゅうゆう》（十五世住職）が伊達輝宗の末子、すなわち政宗の弟であるとの伝えが記されているという。伊達略系（『仙台叢書』）には小次郎と早世した二人の妹以外に政宗のきょうだいは確認できず、小次郎である可能性はきわめて高い。わたしの胸は高なった。

すぐに大悲願寺に連絡をとり、同寺をおとずれた。金色山吉祥院と号する真言宗豊山派の古刹で、堂々たる構えの楼門の左右は白壁でかこわれ、境内の広さはおよそ五千坪にもおよぶ大伽藍である。海誉僧正は増上寺の源誉《げんよ》国師の甥にあたり、天海や崇伝とともに徳川家康から寵遇された人物である。

政宗が苦労して手に入れた会津近辺の六郡を没収されたうえに、父祖伝来の本領までもとりあげられて岩出山に移封されたときに、秀吉からつかわされたのが家康であった。検地や築城の縄張りを行い、政宗に引きわたす役目である。失意の政宗をなぐさめ、はげましたのは家康であったろう。すでに秀吉なきあとの天下をにらみ、二人の提携はこのときにできていたともいえる。誅殺したことにして逃がした弟小次郎の処遇を家康に相談した可能性は大いにありうる。

寺宝の「白萩文書」も見せていただいた。政宗が来山したとき、庭の白萩がみごとに咲きみだれているのに目をうばわれ、一株分けてほしいと思ったものの、いいだしかねてそのまま帰った。しかし、どうしてもあきらめきれずに、わざわざ飛脚をたてて所望してきたのである。署名と鶺鴒《せきれい》の花押《かおう》は明らかに政宗のものであった。

年次はなく八月二十一日の日付がある。政宗が八月二十一日に在府していることと、自署・花押の形から、元和八年（一六二二）のものと推定されるという（『仙台市史　資料編12　伊達政宗文書3』）。山形の最上氏が改易となり、母義姫を仙台城に引きとったのがこの年の十月である。政宗が大悲願寺をおとずれたのは、母のことを弟の秀雄に知らせるためではなかったか。

政宗の来山時に寺僧だった秀雄は大悲願寺の住職となったのち、中野の宝仙寺《ほうせんじ》に移住し、寛永十九年（一六四二）七月二十六日に遷化《せんげ》した。政宗がなくなったのは六年前の寛永十三年五月二十四日、享年七十歳である。弟小次郎の年齢は諸説あって不明ながら、政宗に仕えた小姓の木村宇右衛門可親《よしちか》が記録した『伊達政宗言行録　木村宇右衛門覚書』に、「御母儀御東様へはおうらみあり。わたしが疱瘡にかかったときにも父は諸神諸仏へ詣でて本復を祈られたのに、母は次郎（小次郎）が誕生してから寵愛深く、一度も見舞いに来なかった」と語っているのをみても、政宗が疱瘡にかかってほどない時期、おそらく天正元年（一五七三）ごろに小次郎が誕生したのだと思われる。政宗より六歳年下なら、入寂時には七十歳で年齢的にも符合する。

小次郎の遺骸を長谷寺裏の山頂に葬ったとされる天正二十年正月に、おそらく小次郎は得度して俗界と縁が切れたのだろう。小原縫殿之助が「わが身は幼君の墓から五十間下げて埋葬を請う」との遺言状をのこして自害したのが事実なら、命がけの偽装工作であったと思われる。

『黄金のロザリオ　伊達政宗の見果てぬ夢』（幻冬舎）は、正史のほころびから見えてきた新たな事実をすくいあげ、わたしなりの解釈を加えて書いた小説である。興味のある方は同書をご覧いただきたい。

葛藤の末に政宗をささえた愛姫

政宗の正室愛姫《めご》は陸奥国三春城主田村清顕《きよあき》の一人娘である。清顕夫人は伊達家とは敵対関係にある相馬顕胤《あきたね》の娘で、夫妻はともに政宗の曾祖父稙宗《たねむね》の外孫にあたる。征夷大将軍坂上田村麻呂の末裔《まつえい》といわれる田村氏も、当時は隣境の二階堂氏や白川氏、これとむすぶ会津の蘆名氏、石川氏、常陸の佐竹氏などの勢力にはさまれて苦境にあった。

政宗と愛姫の結婚は、伊達とむすんで家運を挽回しようとする清顕からの要請ですすめられ、天正七年（一五七九）の冬の最中にあわただしく婚礼をあげた。政宗十三歳、愛姫は十二歳である。

容姿端麗でしとやか、風流で和歌や書にもすぐれていたといわれるように、松島の瑞巌寺博物館に所蔵されている愛姫（陽徳院）の木像は尼すがたながら名前にたがわず愛らしい表情をしている。母と並んで安置された長女五郎八《いろは》姫（天麟院）の木像は女雛のように気品にみちて、典雅な美しさをたたえている。

五郎八姫は、文禄三年（一五九四）六月に京都の聚楽第の屋敷で誕生した。結婚十五年目にしてようやく授かった子どもであった。いずれ政宗夫妻に生まれた子を養子に迎えて田村家を継がせたいと考えた清顕であったが、以前から相馬氏と抗争をくり返してきた政宗が、相馬に内通した愛姫付の侍女を成敗したことから、夫婦のあいだに亀裂が生じた。政宗にとめられて小田原に参陣しなかった田村氏の改易も愛姫には深い痛手となる。結婚して十五年間も子ができなかったのは、夫婦仲がしっくりといっていなかったからだ。

政宗は新庄城主六郷伊賀守の娘（一説に飯坂右近宗康の娘）を側室に迎え、長男秀宗をもうけた。天正十九年（一五九一）十二月のことで、政宗が国替えを命ぜられて岩出山に移った年である。その前年の秋に、愛姫は秀吉の命令で人質として上洛し、聚楽第でのくらしを余儀なくされた。

結婚した当初は政宗のいらだちがわからず、怒りの爆発におびえた愛姫も、嫁して数年経つうちに成長し、家中における政宗の微妙な立場も見えてきた。豪胆にふるまいながらもその内実は繊細で傷つきやすい性格だということも理解できた。舅の輝宗なきあと、政治的な見解の相違からしばしば対立する姑と夫とのあいだをとりもち、妻として政宗をささえていかなければならないとの自覚を持ちはじめたのだと思われる。

五郎八姫を産んだあと、二男忠宗、五男宗綱、八男竹松丸（七歳で早世）とつぎつぎと男子をあげた。竹松丸を産んだときにはすでに四十歳をすぎている。五郎八姫の夫となった越後高田城主の松平忠輝が改易されて流罪となり、五郎八姫は離縁されて母のいる江戸下屋敷に引きとられることになった。愛姫は「姫がこのように独り身をかこっているうえは、いっしょにお食事はしても共寝は控えさせていただきます」と政宗に申し出ている。元和二年（一六一六）のことで、愛姫は四十九歳である。この年齢になるまで夫婦が共寝をしていたというのもめずらしい。それればかりか、共寝をしなくなってもますます夫婦の仲はむつまじかった、と小姓の木村宇右衛門は『木村宇右衛門覚書』に記している。

宇右衛門が書きとめた政宗との最期の日々は、同じ屋敷にいながら会うこともかなわない愛姫の嘆きを伝えて哀切である。

死を予感した政宗は、寛永十三年四月二十日、七十歳の老体にむち打ち、病をおして参勤した。五月一日に江戸城に登り、将軍家光に拝謁する。そのあまりの衰弱ぶりにおどろいた家光は、江戸中の寺社に命じて政宗の回復を祈願させるとともに、お抱えの侍医をつかわして治療にあたらせた。二十一日には将軍みずから桜田屋敷に政宗を見舞った。もうすでに腹が膨満して四尺（約一二〇センチ）近くにふくれていた。

病状が日に日に悪化するにもかかわらず、政宗は回復したら会うといって、愛姫を近づけない。同じ屋敷内にいながら、人伝てに病状を聞くだけで、そばに行くこともかなわないつらさに耐えかね、おもいのたけを政宗に訴えた。

「これほどのご病状なのに会ってくださらないのは、何か特別の理由があるのですか。いつもとはちがうことなので、何を遠慮することがありましょうや。直接お目にかかって、おそばについて看病をしたいのです。お会いすることもかなわず、心配でたまらないため、つい先ほどもひそかに隙間より様子をうかがいました。昨夜も小川と中（政宗に仕えた奥女中）に頼んでお姿を拝見しましたが、とてもおつらそうで、いたたまれなくなりました。あなたはいつも、大殿と奥方との格式ある作法を重んじられますが、ご病中なのですから、それが守れなくてもかまわないでしょう」

原文だとより愛姫の切々たる心情が伝わって胸を打つのだが、あえて現代文に書きなおした。これにたいする政宗の答えはきびしいものであった。

「病中、心身とり乱した状態でお会いするのも見苦しい。総じて武士たるものは、妻や子どもを死の床にあつめて死ぬのは本分ではない。このままお目にかからずに死ぬことになっても、ご縁がなかったのだと思ってあきらめてください。あなたは家の母たる御人、

陽徳院（愛姫）画像／仙台市博物館蔵

軽々しくふるまえる人ではないのです」

仙台藩の国母としての立場をわきまえて、それにふさわしいふるまいをすべきだとさとす夫のことばに、愛姫はぐちや未練から不満をぶつけたわが身を深く恥じ、「惜しき御命かな、やがてお目にかからんものを」といって、そののちもたがいの使いをやりとりするだけであったという。

妻にたいしても武士の意地を張りとおす。究極の男の美学ではあっても、女の身にすればやりきれない峻厳さである。

父の期待をになった五郎八姫

長女の五郎八姫は、秀吉後の天下をねらう家康と父政宗の政略によって、慶長四年（一五九九）に家康の六男忠輝（幼名は辰千代）との縁組がととのった。忠輝は八歳、五郎八姫はまだ六歳の子どもである。この縁組が秀吉の遺命にそむくとしてとがめられ、関ヶ原合戦の引き金になろうなどと当人同士は知るよしもなかった。

忠輝は生まれながらに色が黒く、みるからにおそろしげな顔をしていたため家康にうとまれ、捨て子同然に下野《しもつけ》長沼城主の皆川山城守《やましろのかみ》広照《ひろてる》に預けられた。徳川家の縁戚にあたる長沢松平家を継いだ忠輝が下総《しもうさ》佐倉《さくら》七万石（一説に五万石）に封ぜられ、従五位下上総《かずさの》介《すけ》に叙任されたのが慶長七年である。翌慶長八年に信濃松城（川中島）十二万石（一説に十八万石）に転封となり、佐渡金山奉行を兼務した郡代の大久保石見守《いわみのかみ》長安《ながやす》が付家老として忠輝を後見する。

　五郎八姫が父に招かれて仙台に下向したのは、婚礼を半年後にひかえた慶長十一年（一六〇六）六月の暑い盛りである。はじめて足を踏みいれた城下は、碁盤の目のように整然と区画され、みちのくの都にふさわしいたたずまいであった。

　仙台城は三方をめぐって流れる広瀬川と、河床からそびえ立つ青葉山の天険を利用した天然の要害で、本丸の正面に野面《のづら》積みの石垣が築かれていた。本丸の中心となる大広間の完成までにはあと四年を要する大工事が進行中であった。天守閣はないが、本丸の東の崖際にせりだしてつくられた懸造《かけづくり》とよばれる数寄屋風書院造の眺望亭からは城下が一望できる。

　盂蘭盆《うらぼん》のあいだ、五郎八姫の帰国を歓迎して、城下の侍屋敷から町屋敷にいたるまで灯《とう》籠《ろう》が掲げられた。眺望亭から父と眺めた幻想的な夜景も五郎八姫にはわすれがたい思い出となったことだろう。

十二月二十四日、忠輝と五郎八姫の婚礼が竜《たつ》の口の川中島藩上屋敷で挙行された。十三歳の五郎八姫には徳川将軍家と伊達家が姻戚になることの意味などわかるはずもなく、父が秘めた計画の一翼をになっているなどとはおもいもよらなかったろう。

家康が天下を制したのちも政宗はあきらめない。家康なきあとの天下を視野に、熾烈《しれつ》なかけひきを展開していく。最後の大勝負をかけた政宗の陰には、異能の才腕をふるった鈴木七右衛門元信の存在があった。金山経営にたずさわっていた町人の出ともいわれ、京にでて茶道を学び、財政に明るかったことから政宗に召しかかえられた。堺の豪商たちとも親しかった元信は、今井宗薫《そうくん》を介して忠輝と五郎八姫の縁組を実現した陰の立役者であったとわたしはみている。

伊達の天下を夢みて政宗を補佐し、行政官としてのすぐれた手腕を見込まれて家老となり、古川城千六百石を領した。元和元年二月、家康の病床を見舞うため駿府をおとずれた政宗が、家康から後事を託され、何事によらず徳川幕府のために微力をつくすと誓ったと聞いて、落胆と怒りから政宗を罵倒し、天下を治めるときのために書き上げた式目（国の法律）を焼却させたとも伝えられる。

ところで、忠輝に嫁いだ五郎八姫は川中島藩の中屋敷におかれたまま夫婦は別々にくらした。慶長十五年（一六一〇）に越後福島城主の堀忠俊が改易されたあとに移封され、旧領の川中島と合わせて七十五万石（石高については諸説ある）になってからも、五郎八姫は福島藩の下屋敷におかれたままである。輿入れして六年になるというのに、いまだに夫婦の契りさえ交わしていないのではないか。さすがの政宗も放っておけずに、駿府城にいる忠輝の生母茶阿局《ちゃあのつぼね》をとおして、五郎八姫を本邸（上屋敷）に迎えるよう忠輝を説得してほしいと依頼したものと思われる。

　福島藩の上屋敷が炎上したのはその矢先のことで、慶長十七年の暮れに再建されたのを機に五郎八姫は上屋敷に移った。おそらく忠輝は、五郎八姫の成長を待って本邸にむかえたいと考えていたのだろう。

　忠輝はキリシタンや南蛮文化にも理解のある知識人であったらしく、平戸のイギリス商館に滞在していたリチャード・コックスなどは、幕府との通商を開くために忠輝を頼ってしばしば長崎から江戸に上っているほど、在留外国人たちから嘱望されていた。忠輝の後見人である

松平忠輝画像（模写）／写真提供：上越市立総合博物館

大久保長安も、早くから宣教師や外国商人と接触し、南蛮文化とかかわりが深かった。長安が鉱山採掘に長じていたのも、南蛮流の採掘法をとり入れたからだといわれている。

五郎八姫は忠輝との結婚前からキリスト教への関心を深めていたようだ。五郎八姫がキリシタンであったとの仮説をもとに、仙台在住の土生《はぶ》慶子氏は『伊達政宗娘　いろは姫』を著した。のちに五郎八姫が移住した仙台にはキリシタンであったことをしのばせる伝承がのこされているという。

前章で紹介した細川ガラシャをはじめ、ガラシャに洗礼を授けた清原マリアや、浅井長政の妹で京極マリアとよばれた高次・高知兄弟の母も熱心なキリシタンであった。高次も慶長六年に京都で受洗し、同じ年に妻の初（浅井長政の二女）も大坂で受洗したといわれる（レオン・パジェス著『日本切支丹宗門史』）。高山右近、内藤如安《じょあん》、黒田如水《じょすい》、大友宗《そう》麟《りん》、蒲生氏郷などキリシタン大名もめずらしくなかった時代である。如安の妹の内藤ジュリアは京都に女子修道会を組織して、大名の妻やその家族に布教を行った。十歳まで京都ですごした五郎八姫がキリスト教に関心をよせたとしてもふしぎではない。

五郎八姫が母とともに江戸に移ったのは慶長八年で、浅草にはすでにフランシスコ派の天主堂が建ち、そのわきに修道院とハンセン氏病患者のための病院も建てられていた。五郎八姫は政宗の遣欧使節の立役者となる宣教師のルイス・ソテロをとおして、キリスト教の教理にふれ、受洗したのだと思われる。キリシタンに改宗した武家女性と同じように、五郎八姫の心をとらえたのは、一夫一婦の貞節を守るキリスト教の戒律であったろう。

遣欧使節にかけた政宗の真意

家康が天下を制してから慶長の末年までは、南蛮貿易の全盛期にあった。旧教国のポルトガル、スペインに次いで、イギリス、オランダなど新教国の貿易船も来航し、両勢力の競争もはげしくなった。世界一の産銀をほこるスペイン領メキシコの鉱山技術を導入したいとのぞんでいた家康は、スペイン船の日本寄港とメキシコとの通商をもとめて使節をつかわしたがなしのつぶてである。こちらの要請には一向に応えてくれず、つぎつぎと招かれざる宣教師ばかり送りこんでくることにいらだっていた。

慶長十四年九月、ルソン臨時総督ドン・ロドリゴ・ビベロを乗せたサン・フランシスコ号がメキシコに帰る途中、難破して上総国夷隅《いすみ》郡岩和田に漂着した。ロドリゴと会見して手厚くもてなした家康は、十年越しの懸案だった日本とメキシコとの通商をひらくための具体的な交渉に入った。このときロドリゴに家康との交渉を託されたのが日本語に堪能なルイス・ソテロであった。

日本伝道の使命感に燃えるソテロはこの機会を逃さず、スペイン国王に使節をおくることを家康にすすめ、みずからその使節をかってでたのである。家康の側近でイギリス人のウィリアム・アダムス（日本名は三浦按針）に建造させた帆船をロドリゴに提供しようとして断られた家康は、よろこんでソテロの提案をうけいれた。

政宗がソテロと出会ったのはこのころで、仙台藩江戸屋敷にいた政宗の側室（おそらく長男秀宗の生母新造の方）が病気になり、医術の心得のある宣教師のブルギリョスが治療したのがきっかけだった。江戸修道院長と関東在住宣教師の遣外管区長とをかねていたソテロの夢は、イエズス会派に独占されている長崎司教区にたいして、東日本にフランシスコ会派の司教区を独立させて、みずからその司教になることであった。かねてからメキシコとの交易をのぞんでいた政宗は、家康が所有する船でソテロが大使となりスペインに派遣されるという話に隻眼を光らせた。

政宗の領国は全国でも有数の鉱山地帯である。メキシコの技術を導入して鉱山を開発し、できれば本国スペインとも直接に通商したい。仙台藩の基盤をゆるぎないものとし、奥州を新しい交易の中心地として発展させるためにもスペインとの提携は有効に思われた。いまだ隠然たる力をふるっている家康もすでに七十の坂を越えた。家康の死後、将軍職を秀忠から弟の忠輝にゆずらせ、政宗を執権職につけるという鈴木元信の計画がいよいよ現実味を帯びてきた。

たび重なる持船の難破でメキシコとの通商を断念した家康に、政宗は仙台藩が船を建造して提供しようと持ちかけ、表向き幕府の使節にソテロを立て、支倉《はせくら》六右衛門常長《つねなが》に仙台藩の命運を託した。この二人をメキシコからスペインまでおもむかせ、うまくすればスペインとの同盟、さらにはローマ教皇の支持のもとに全国のキリシタンを結集し、忠輝を擁して新たな政権をひらくことができると期待したのだろう。当然ながら政宗は、遣欧使節が失敗に終わることも予測していた。大使に一家一門でなく、六百石そこそこの支倉常長を起用したのもそのためである。

慶長十八年（一六一三）九月十五日、支倉常長の遣欧使節が石巻月浦《つきのうら》港を出航した。その三カ月後に、幕府はバテレン追放をともなったキリシタン禁教令を公布する。政宗の真意を見ぬいていたかのような周到さである。しかし、この時点では家康もまだそこまで疑ってはいなかった。徳川政権を永続させるための総仕上げともいうべき豊臣征討を前に、大坂方に味方しそうな西国のキリシタン大名たちを排除する必要からとられた処置だと思われる。

仙台城に移った義姫と五郎八姫

大坂とのいくさを前に、福島城のある直江津から高田に城を移したいと幕府に願いでた忠輝は、慶長十九年三月に着工し、わずか四カ月の突貫工事で完成させた。キリシタンへの取締りがきびしくなるなか、五郎八姫は江戸をはなれて国元の越後に移っていた。五郎八姫を幕府の目から遠ざけたい政宗の親心を察して、忠輝がよびよせたのだろう。高田城の建設では政宗みずから普請総裁をかってでて現地におもむき、築城についてこまごまと助言をしている。

忠輝が大久保長安事件にからんで危うい立場にあることも知らずに、五郎八姫はまるで花嫁のように初々しく、しあわせに輝いていた。幕府に巨万の富をもたらした大久保長安が駿府でなくなったのは慶長十八年四月である。その死を待っていたかのように、家康は生前に不正があったとして家財を没収し、七人の遺子を死罪にした。

一族郎党ばかりか親交のあった人びとまでもまきこんでの過酷な処分で、事件の累が幕閣に重きをなしていた門閥譜代の大久保忠隣《ただちか》にまでおよんだときには、さすがの政宗も青ざめたことだろう。かねてから長安の豪奢なくらしぶりに疑惑の目をむけていた家康が、忠輝を擁して幕府の転覆をねらっているのではないかと疑心暗鬼にかられたとしてもふしぎではない。

大坂夏の陣のあと、忠輝は家康から対面禁止を申しわたされた。「忠輝朝臣《あそん》このたび合戦に遅参したうえに、御家人二人を誅殺したと聞いている。まだ自分が存命なときにさえ、将軍家にたいしてかくも無礼なふるまいをするのだから、わが死したのちはなにをしでかすかわからない。御連枝ながら国家の大法をやぶる罪は軽からず」というのが、忠輝を勘当した表向きの理由である。しかし、家康と秀忠が警戒したのは、忠輝の背後にいる舅の政宗である。大久保長安を断罪しても安心はできない。このころには家康の外交顧問であるウィリアム・アダムスの調査によって、政宗が使節を派遣した真の目的がどこにあるのか、家康にもようやく見えてきた。

家康がなくなったのは元和二年（一六一六）四月十七日である。忠輝は増上寺の源誉国師を介して将軍秀忠にとりなしてもらったがゆるされず、七月五日に「大御所の遺命なれば伊勢国朝熊《あさま》に移るべし」と申しわたされる。忠輝が配流されたあと、五郎八姫は幕府のはからいで父のもとに引きとられることになり、高田から江戸の仙台藩下屋敷へ移った。

五郎八姫を襲った突然の不幸に、もっとも心を痛めたのは政宗であったろう。おのれの大望のために娘を犠牲にしたという負い目から、五郎八姫にはできるかぎりのことをしてやりたいと、仙台への移住を幕府に申しでた。

五郎八姫が仙台に帰国したのは元和六年九月のことである。政宗が五郎八姫のために新築した住まいが仙台城本丸の西の麓にあったことにちなんで、五郎八姫は「西館」とよばれるようになる。

父の手厚い庇護のもと、五郎八姫はだれに気兼ねすることなく、おだやかな日々をすごしたようだ。政宗はときどき五郎八姫を江戸の母のもとに帰し、さびしがっている妻の愛姫にも配慮をおこたらない。

山形城の最上義光がなくなったあと、家中の対立抗争が絶えず、義光の孫にあたる義俊の代でついに改易となった。亡国の悲哀をしのばせる母義姫の手紙が政宗のもとにとどけられた。「はだしで歩いてでも政宗の国へ転がりこみたい」と訴える母を、政宗は仙台城によびよせる。参勤で江戸にいた政宗に代わり、仙台城で祖母を迎えたのは五郎八姫であった。ともに寄る辺のない身となった祖母と孫娘は、あふれる涙をおさえかね、はじめて対面したことだろう。

天麟院（五郎八姫）木像／松島・瑞巌寺蔵

政宗が帰国したのはそれからひと月あまりのちのことであった。二十八年ぶりの再会である。足元もおぼつかないほど老いた母のすがたに胸をつかれ、なぜもっと早くよびよせなかったのかとくやむ、政宗のすがたが目に浮かぶ。

政宗が奥州六十二万石の太守となり、世嗣の忠宗の正室に将軍秀忠の養女振姫（池田輝政の娘で家康の外孫にあたる）を迎えて、伊達家と徳川家とのむすびつきがいっそうつよまったことを、義姫は心からよろこび、安心したことだろう。

将軍家に供奉して上洛する孫の忠宗のために、義姫は錦の布で手提げ袋を縫って贈った。それにたいする愛姫からの礼状がのこされていて、あたたかな家族の交流がうかがえる。上洛の途に着いた政宗のもとに、六月五日付の義姫の手紙がとどいた。親子して将軍家の上洛に供奉する晴れがましさをよろこび、京都からの帰りをたのしみに待っているとしたためてある。

義姫がなくなったのはその翌月の七月十六日であった。享年七十六歳。京都で母の訃報に接した政宗にはにわかに信じがたく、呆然とするばかりであったろう。

立ち去りて浮世の闇を　遁《のがれ》なば　心の月やなおも曇らむ

鳴虫の声を争ふ悲しみに　涙の露も袖に暇なき

母の死をうけとめかねた政宗の、悲哀がにじむ挽歌である。

このことを伝え聞いた後水尾《ごみずのお》天皇から、勅使をもって哀悼の意を仰せ下され、法華経一部を賜る栄誉に浴した。位階もない武家の女性が、伊達政宗の母という縁だけでこれだけの恩典をうけたのは例のないことである。

波乱にみちた生涯の最後に母と子は和解し、義姫は安らかに彼岸へと旅立ったことだろう。若き日の夫婦の葛藤を経て、深いきずなでむすばれた愛姫もまた、しあわせな人生であったと思われる。キリシタンとして生きた五郎八姫は、父に守られて信仰の道をつらぬいた。三代にわたる伊達家の女たちは、どこまでもひたむきで、しなやかなつよさを秘めている。

第四章

夫にまさる妻たちの友情
おねとまつ

隣合わせの屋敷

豊臣秀吉が妻おねとの二人三脚で尾張の百姓から関白、太政大臣にまでのぼりつめたように、土豪の四男に生まれた前田利家も妻まつの内助によって、能登、加賀、越中を領する大名に出世した。秀吉と利家はともに織田信長に仕えていたころからの親友で屋敷も隣合わせ、おねとまつは木槿《むくげ》の垣根越しにおしゃべりしながら親しく行き来したという。

おねの生年については、天文十八年（一五四九）生まれで七十六歳のときになくなったとする説と、天文十一年（一五四二）生まれで八十三歳でなくなったとする説がある。天文十八年生まれなら天文六年に生まれたとされる秀吉より十二歳年下となり、二人が結婚した永禄四年（一五六一）には、秀吉が二十五歳で、おねはわずか十三歳ということになる。おねの母朝日は秀吉との結婚に猛反対したが、それをおしきって結婚した経緯をみても、天文十一年生まれで秀吉の五歳年下という説が妥当だと思われる。天文十六年生まれのまつよりも五歳年上ということになる。ちなみに利家は天文七年生まれ（天文六年出生説も）で、秀吉より一歳年下である。

おねと秀吉は当時にはめずらしい恋愛結婚である。おねの母が反対したのも、二人のむすびつきが「野合《やごう》」だという理由からであった。おねの父は織田家に仕えた杉原定利といわれ、早くになくなったようだ。おねが浅野長勝の養女となって秀吉と結婚したのは、長勝の妻がおねの母朝日の妹だったからだ。

秀吉が天下人となり、北政所《きたのまんどころ》とよばれるようになったおねが語ったところによると、結婚式はいたって質素なものだった。土間にわらと薄縁《うすべり》（縁どりのあるむしろ）を敷いて婚礼を挙げたというから、板敷きの間もない家だったことがわかる。織田家の足軽からスタートした秀吉は、こののち足軽組頭へ、さらに足軽大将へと昇進していったのだろう。

まつも幼くして父をなくし、叔母夫婦に養われた境涯はおねとよく似ている。織田家の家臣だった父篠原主計《しのはらかずえ》が死去したあと、母が再婚したため、四歳のときに母の妹の嫁ぎ先である尾張荒子《あらこ》領主の前田利昌《としまさ》に引きとられる。従兄《いとこ》の利家と結婚したのは永禄元年（一五五八）、まつが十二歳のときであったという。利家とのあいだに十一人の子をあげた。ほかに五人の側室から生まれた庶子が七人もいる。それらの家族をたばねて家中からも慕われる、利家にとっては頼もしいパートナーとなっていく。

信長の小姓として仕えていたころの利家は相当なかぶき者で、結婚の翌年に同朋衆の十《じゅう》阿弥《あみ》を斬り、信長から出仕をとめられた。家をでて転々と他家に寄食しているあいだ、永禄三年の桶狭間の合戦にひそかに参加して首をあげたがゆるされず、永禄四年の美濃守部《もりべ》合戦で戦功をあげ、ようやく信長の勘気がとかれて帰参した。

秀吉と利家の出世競争では、信長にその非凡な才能をみとめられた秀吉が一歩先んじていた。永禄八年（一五六五）、秀吉は美濃の斎藤氏の内紛に乗じて坪内利定ら斎藤方の武将を寝返らせた功績をかわれて、奉行の一人にとりたてられた。信長が坪内利定に出した知行宛行状の添状に「木下藤吉郎」の署名がある。たしかな史料に秀吉の名前が登場した最初である。信長が足利義昭を奉じて上洛した永禄十一年に、秀吉は先手衆《さきて》の指揮官として部隊を動かしているが、このころの利家は母衣衆《ほろ》とよばれた軍令を伝える使番にすぎない。

ところで、秀吉と利家が屋敷も隣同士だったというのは、いつごろのことなのだろうか。織田家に帰参した利家が、新たに三百貫の知行をあたえられ、さらに父利昌の跡を継いでいた兄利久に代わり、前田氏の家督を相続するよう信長に命じられたのは永禄十二年（一

豊臣秀吉画像／京都・高台寺蔵

五六九）十月のことである。旧領と合わせて二千四百五十貫の知行を食《は》む荒子の領主となった。秀吉とおね夫婦とは同じ尾張の清洲城下にあっても、隣合わせの屋敷ではなかったろう。

信長は永禄十年に美濃の斎藤龍興《たつおき》を追い、斎藤氏の稲葉山城とその城下井の口を岐阜とあらためた。さらに近江の六角氏と浅井氏、越前の朝倉氏、伊勢の北畠氏をつぎつぎと制圧し、天下支配の拠点として近江の湖東平野に安土城を建設する。秀吉が浅井氏の所領だった江北《ごうほく》三郡をあたえられ、長浜城主となるのが天正元年（一五七三）のことで、天正三年には利家も、佐々成政《さっさなりまさ》、不破光治《ふわみつはる》らとともに越前府中十万石を分封され、国持大名となった。

信長が未完成の安土城に移ったのは天正四年（一五七六）二月のことで、家臣は城下に屋敷をあたえられたが、妻子は本領地におくのが一般的だった。おねが長浜に移っているのは史料からも確認できるが、まつも越前府中に移ったのだろうか。

だとすれば、二人が隣合わせの屋敷に住んで親しく交流したのはどこなのだろう。おそらく近江の安土城下だったのではないか。なぜなら、天正六年に安土の弓衆の長屋で火事がおきた際、信長はその不始末は単身赴任のためであるから、領国にいる妻子を安土に移らせるよう命じ、したがわないものは領国の屋敷を焼きはらうとおどしている。おどしただけでなく、尾張に妻子をおいていた弓衆の屋敷に火を放ち、焼かせてしまったというからすさまじい。みなとるものもとりあえず安土にやってきたという。

この年、利家とまつのあいだには二男利政《としまさ》のほかに、六女菊が生まれている。菊は側室岩の所生で、岩は朝倉氏の遺臣笠間氏の出だという。越前に入封したあと側室にしたのだとすれば、正室のまつは領国の越前には移らず、安土城下の屋敷にいた可能性が高い。家を外に東奔西走の日々をおくっている夫たちをよそに、おねとまつは姉妹のような親しい関係を築いていったのだろう。それがのちに危ういところで秀吉と利家の対立を救うことになる。

城主夫人となったおね

秀吉は江北三郡を信長から拝領したのを機に、姓を木下から羽柴にあらためた。さらに領国の本拠地を浅井氏の小谷《おだに》城ではなく、琵琶湖畔の今浜（長浜）に移した。小谷城は山城で領国経営の中心とするには適さない。長浜は冬場も積雪が少なく、琵琶湖の制海権を掌握できる。軍事面ばかりでなく、商品流通の面からも有利だと見越したのだろう。

北国街道の宿としてもにぎわった長浜市は、いまでも黒壁の古い街並みがのこる静かな城下町である。長浜城の正門は新たにつくられたが、石垣や城楼は小谷城から移したものらしい。長浜城址に再建された天守閣からは琵琶湖が眼下に見わたせる。三層の天守閣も小谷城の鐘丸《かねまる》を移築したものだという。秀吉にとっては、高嶺の花としてあこがれつづけた主君信長の妹お市をしのぶよすがとなったことだろう。

このころのおねの動向をうかがわせる秀吉の書状がのこっている。「こほ」というおねに仕える侍女にあてた形式ながら、実際はおねにあてた手紙である。それによると、「長浜の城下町をつくるために町人の年貢諸役を減免したのをよいことに、在所の百姓までつぎつぎとよんできて、住まわせているのはけしからぬことである。これでは在所からの年貢が減ってしまうので、町人に年貢をかけようとしたのだが、おねがいましばらく減免をつづけてほしいと願うので、前のように年貢諸役を免除しようと思う。このことを奉行に申しつけてほしい」というものである。しかも、諸役免除の続行はおねの願いによってゆるしたのであり、そのことをよくよく申し聞かせるようにと念押ししている。

手紙の内容からは、おねが領国の経営にまで意見をのべていたことがわかる。しかも、秀吉はおねの意見をとり入れて、それを奉行衆に実行させているのだ。戦国大名の妻はつつましく奥に引っこんでなどいない。むしろ積極的に意見をのべ、助言をし、夫の不在中はその代行まではたしている。これはおねにかぎったことではなく、まつについてもいえる。そのことはのちにふれるとして、天正四年ごろと推定される信長からおねにあてた書状もまた、じつに興味深い。

おねが安土城の信長のもとにあいさつにでかけたことをうれしく思うとのべ、おねの持参したみやげがあまりにもすばらしいので、お返しをしたいと思うがそれ以上のものが思いつかないので、今回はやめておく。またおねがたずねてきたときに渡すことにしようとある。

ここで信長は、おねの容貌から姿形にいたるまで、これまでより二倍もよくなったとほめあげている。さらに、藤吉郎がこのおねにたいして不足をいうのは言語道断であるとして、どこをたずねてもおねほどの妻は二度と「かのはけねずみ（秀吉のこと）」が得ることなどできないのだから、以後はいかにも「上様《かみさま》」然としておおらかに、悋気《りんき》（嫉妬）などおこしてはならない。いいたいことがあってもこらえて、うまく夫をあしらうようにするのが女のつとめである、とさとしている。

あの専制君主の信長にも、家臣の妻にこれほどこまやかな配慮を見せる一面があったのかとおどろかされる文面である。おねは、夫がほかの女にうつつをぬかしていると信長にもらしたのだろう。はげねずみの藤吉郎にはもったいないほどの妻だとおねを持ちあげておいて、一国を領する武将の妻は、夫の浮気にいちいち目くじらを立てずに、家を治める「上様」として大きくかまえていればよいと大名夫人の心がけを説き、夫の扱い方まで助言しているのだ。

このころ秀吉には南殿とよばれた側室がいて、男子が生まれていた。天正四年十月十四日にわずか三歳で早世した秀吉の最初の子で、羽柴秀勝（幼名を石松丸）といった。長浜八幡宮の例祭曳山《ひきやま》は、天正二年に生まれた男子の誕生に驚喜した秀吉が町民に砂金をふるまったのを基金として、山車《だし》をつくったのがはじまりだと伝えられる。

信長はそうした事情を承知していたからこそ、正室としてのおねの立場を保証するような言質をあたえて、それを秀吉にも見せるよう念押ししたのだ。手紙の宛て先が「藤きちらうおんなとも」とあるのは、おね以外の側室やお付きの侍女たちにも披露されることを意図したからだ。

信長にとっては、麾下の武将だけでなく、その家族もひっくるめて家臣であった。信長が家臣の単身赴任を嫌い、家族ぐるみで安土城下に引っ越すよう命じたのもそのためである。それにしても、気むずかしい主君の懐にとびこんで、しっかり味方につけてしまったおねのみごとな外交手腕ぶりには舌を巻く。しかも、秀吉とおね夫婦が信長の四男於次丸《おつぎまる》（のちの秀勝）を養子に迎えたのが天正六年ごろと推定され、この養子の一件もおねが信長に願いでて実現したとも考えられる。

最初の男子をなくしたあとだけに、特別の思い入れがあって秀勝と名づけたのだろう。於次丸秀勝を養育したのはおねであり、秀吉の後継者としてだれもがみとめていた。主筋の子をもらいうけてわが手で育て、信長の庇護をうけながら羽柴家の安泰をはかろうとしたおねのなかには、もし自分に子が生まれなかったとしても、正室の地位を確保したいという意図も見てとれる。

正室として家中に重きをなしても、子ができない悩みは終生おねについてまわった。おねは、つぎつぎと子宝にめぐまれた利家とまつをうらやましく思ったことだろう。おねの悩みを聞かされ、そのつらさを身近でみていたまつは、おねからのたっての頼みをうけいれる。

天正二年に生まれた四女の豪を、秀吉とおね夫妻の養女として手ばなすことを決意したのだ。豪は秀吉からもかわいがられ、夫妻の寵愛を一身にあつめて成長する。朝鮮出兵で

高台院（北政所おね）画像／京都・高台寺蔵

名護屋に布陣していたころ、秀吉からおねにあてた手紙には、「もし豪が男なら関白の位にも就けようものを、女であるからには是非もない。せめて官位だけは天下一にしたいと思う」とのべ、「太閤秘蔵の子」であるともいっている。世嗣の鶴松をなくした直後とはいえ、豪にたいする秀吉の愛情は肉親にもまさるほど深かった。

秀吉とおね夫妻には何人もの養子女がいた。二人目の秀勝が天正十三年に十八歳の若さでなくなったあと、秀吉は姉智《とも》の子である小吉《こきち》を養子にして秀勝を名のらせている。秀吉の養子となって関白職をゆずられた秀次の弟にあたる。浅井長政とお市とのあいだに生まれた三姉妹の末娘、江（江与とも）の二度目の夫となったのがこの小吉秀勝である。それについてはのちの章でくわしくふれる。

秀吉が目をかけた養子がもう一人いた。豪より一つ年上の八郎、のちの宇喜多秀家である。秀吉が摂津・播磨を領有し、姫路城主となったのは天正八年（一五八〇）四月のことで、姫路城の普請にとりかかった翌年の春までのあいだに、おねも豪を連れて播磨に移ったものと思われる。信長に降った宇喜多直家《なおいえ》が天正九年に毛利軍との戦いで病没したあと、秀吉は遺児の八郎を手元に引きとり、豪とともにおねが養育した。豪はやがて宇喜多秀家と結婚し、大坂中之島の宇喜多邸に入輿《にゅうよ》する。この豪の存在が、二組の夫婦のきずなをいっそうつよめることとなった。

命がけの夫婦げんか

天正八年、信長は加賀の一向一揆を制圧し、越中、能登までもその勢力下におさめた。翌九年八月、利家は能登一国をあたえられ、越中は佐々成政、加賀は柴田勝家の領有とし、越後の上杉氏に対決する体制をととのえた。

本能寺の変の悲報がもたらされたのは、織田と上杉とが激突した魚津《うおづ》城の攻防戦で魚津が落城した直後の天正十年六月四日であった。利家は夜路をついて撤退し、五日ごろには能登七尾《ななお》に帰城したらしい。

秀吉が山崎の合戦で明智光秀を敗り、織田家の後継者をきめる清洲会議で信忠の遺児三法子（のちの織田秀信）をたてて、信長の三男信孝《のぶたか》を推す宿老の柴田勝家らと対立する。結局、秀吉の主張どおり三法子が後継者ときまったが、勝家とのいくさは避けられない事態となった。

天正十一年三月、越前北ノ庄にあった勝家は、雪解けを待っていたかのように出陣した。秀吉と雌雄を決する賤《しず》ヶ岳《がたけ》の戦いは、秀吉軍の圧倒的な勝利に終わった。

この後継者争いで、秀吉とも勝家とも親しい間柄にある利家は苦しい選択を迫られた。悩んだ末に、利家は恩義のある勝家に味方して出陣するが、勝家方の敗北を見きわめると突然撤収し、追撃をかわしながら府中城に帰って防戦体制をかためた。越前府中は天正九年に嫡男利長（当時は利勝）が信長の娘（玉泉院）をめとったときにあたえられたもので、利長も賤ヶ岳の戦いでは勝家に味方してたたかっている。

人質として北ノ庄にさしだした三女麻阿《まあ》のことが気がかりで、秀吉からの和議の誘いに応じなかった利家も、麻阿が侍女阿茶子《あちゃこ》の才覚で城をぬけだし、無事城下に退避したという知らせをうけて、ようやく秀吉に降伏したと伝えられる。

麻阿は嫡出ではなかったという説がある。こののち秀吉の人質として天正十四年ごろに上洛し、やがて秀吉の側室となって聚楽第の天守閣にいたことがわかっている（『兼見卿記』）。側室の岩が産んだ六女菊も秀吉の養女になり、天正十二年八月にわずか七歳で夭折している。おそらく菊も人質としてさしだされたのではなかったか。勝家と秀吉の双方に人質をだしている利家は、はじめから中立の立場をとろうとしたのだろうが、へたをすれば娘の命が奪われかねない選択であった。

賤ヶ岳の戦いのときに、まつは府中城にいたようだ。秀吉の軍勢が北ノ庄に向かって進撃する途中、府中城におしよせる。秀吉は先手を退きのかせ、ただ一騎で城に近づき、大門を開けさせた。利家と利長が出迎えると、秀吉は「妻女にお目にかかり、播磨にいる娘(豪)が無事であることを申しあげよう」といって、草鞋《わらじ》もぬがずにそのままつのいる台所に入って、ねんごろにことばをかわしあった。秀吉は「冷や飯があったら、いただきたい」と所望し、それをかきこむや早々に出立した。

このとき秀吉は、「孫四郎(利長)殿はこの府中城にあって、お袋さまのもとにおかれたい。又左衛門(利家)殿はいくさが巧みだから、同道していただきます。めでたく凱旋した折に立ち寄り、そのときはここでゆるゆると長逗留したい」と思いやりのあることばをかけた。台所の入り口まで見送ったまつは、「ここはだいじょうぶだから、急いでお供をしていきなさい。早く、早く」と利長を送り出し、父子して先手衆よりも先に北ノ庄にむかったと『川角太閤記《かわすみたいこうき》』は記している。

まつを説得すれば利家は加勢するとふんだ秀吉も、父子で出陣するとは思わなかったろう。機転の利いたまつの対応と豪を仲立ちにしたおねとのきずなが、前田家の窮地を救ったのだ。秀吉が北陸を平定したのち、利家は能登の旧領を安堵され、新たに加賀の石川と河北の二郡をあたえられ、金沢城を拠点とすることになった。

柴田勝家をほろぼした秀吉は、徳川家康と手をむすんだ信長の二男織田信雄《のぶかつ》とこれにくみした越中富山城の佐々成政を敵とすることになった。天正十二年九月、小牧《こまき》・長久手《ながくて》の戦いで織田・徳川優勢とみた成政は、突然能登に進入し、末森城を包囲した。ここでもまつの気丈さをしのばせる逸話が『川角太閤記』にみえる。

救援にむかう利家に、まつは金子の入ったなめし皮の袋を投げつけ、「金銀を蓄えるより、人集めが先決だと申しあげたのに、いまとなってはもはや手おくれ。せめてこの金銀を召し連れられ、槍でもつかせたらよろしいでしょう」と、たんかをきった。烈火のごとく怒った利家が大脇差をぬいてまつに斬りかかろうとしたのをまわりがとりしずめ、その勢いで戦場におもむき利家は勝利した。

剛勇でならした佐々成政との戦いは兵力からみても勝ち目はない。長年の盟友である成政を攻めるのに手加減があってはならないと判断したまつは、わざと利家を怒らせるような行動にでたのだろう。命がけの夫婦げんかも、夫の性格を熟知したまつの心理作戦であったと思われる。さらにこの逸話からは、まつがふだんから利家に助言し、みずからの意見をのべていたことがわかる。

豊臣のかかさま

天正十三年(一五八五)七月に関白に任ぜられ、十四年に太政大臣をかねて豊臣の姓をうけた秀吉は、この権威を後ろだてにして九州を平定し、関東と奥羽を平定して全国統一を成しとげた。つぎなる目標は朝鮮半島である。すでに関白に就任した直後から大陸征服を視座に入れていたことが史料からもうかがえる。

関白の正室であるおねは北政所とよばれ、天正十六年に従一位に叙された。武家の女性にあたえられた最高の位である。秀吉は諸大名の妻子を人質として上洛させ、京の聚楽第周辺に屋敷をあたえて住まわせた。それを管轄したのは北政所おねである。

天正十八年に伊達政宗が正室の愛姫を人質としてさしだし、聚楽第の伊達屋敷に住まわせたときに、北政所に仕えていた尼の孝蔵主《こうぞうす》から、「北御方は何事もなく居られます。そのうえ、ときどき関白殿や北政所よりこまやかなお心づかいをかけられているので、ご安心ください」と、愛姫のようすを伝えた書状が政宗によせられている(『伊達家文書』)。政宗とおねとの交流は以後も親密につづくことになり、孝蔵主はのちに政宗の娘婿となる松平忠輝の生母茶阿局に仕えている。

上方でのくらしを余儀なくされた大名の妻たちがどのような日常をおくっていたのか、

その手がかりとなる史料はのこされていない。しかし、まえがきでもふれたように、情報の集積地である京や大坂にいる妻たちは、たがいに交流して人脈をつくり、そこで知りえた情報を国元に送っていたと思われる。北政所おねへのあいさつに聚楽第に参上した折には、特産品などめずらしいみやげを持参して親睦を深め、北政所に仕える孝蔵主のような側近にもつながりをつけたことだろう。

いまでも伏見の上杉屋敷があった一帯は「景勝町」とよばれていて、文禄三年に制作された「豊公伏見城ノ図」でみると、「会津中納言景勝」とある上杉屋敷の北側に、「加賀大納言利家」「前田中納言邸」「加賀下屋敷」などの上杉屋敷を上まわる広大な前田屋敷が隣接している。伏見城の西の要衝を前田と上杉で防衛させるねらいがあったものと思われる。

上杉景勝の正室菊姫（武田信玄の娘）と執政の直江兼続《かねつぐ》の正室お船《せん》が上洛したのは文禄四年（一五九五）十二月のことである。同年七月に関白秀次を高野山に追放して自害させ、秀次の妻妾子女三十余人を三条河原で処刑したあと、聚楽第はとりこわされ、諸大名の屋敷も破却されて伏見城下に移された。新たに屋敷ができると同時に、菊姫を上洛させるよう台命《たいめい》が下ったのだ。

前田屋敷には、上洛してすぐにあいさつにおとずれたことだろう。お船はまつより十歳年下だが、夫の兼続とともに上杉家をささえてきた賢妻だったから、まつとは似た者同士。初対面から気が合い、菊姫ともども親しい交流がはじまったと思われる。まつを介して、北政所おねにも引き合わされたことだろう。実子にめぐまれない不幸をかこつおねは、同じ悩みを抱える菊姫に同情しただろうし、その菊姫を気づかい、幼い子どもたちを越後にのこして上洛したお船の決断にも心を動かされたのではなかったか。主従というよりも、まるで姉妹のような菊姫とお船のようすも好ましく思ったことだろう。

おねは気さくで開放的な性格だったから、北政所とよばれるようになっても、そばに仕える侍女たちに尾張弁丸出しで話したという。二代将軍となった徳川秀忠も、長丸とよばれた十二歳のときに初めて上洛し、秀吉に拝謁して一字をもらい秀忠を名のった。このとき秀忠はおねにも対面したのだろう。秀忠からおねにあてた自筆書状がのこされていて、親子のように親しい関係をつづけていたことがわかる。それはおねがだれにたいしても分けへだてなく、親身になって世話をしたからだろう。

人質をあずかるというむずかしい役目は、だれにでもできることではない。しかも膨大な人数で、なかには幼い子どももいる。豪や秀家をはじめ、おねの甥の秀俊（のちの小早川秀秋）や家康の二男於義丸（のちの結城秀康）まで養子にして育てたおねでなければ、とてもつとまらない。さらに加藤清正や福島正則などは、おねが手塩にかけて育てた子飼いの武将たちである。かれらはみなおねを母親のように慕っていた。

おねの幅広い人脈は豊臣政権をささえる屋台骨となっていく。北政所に仕えた孝蔵主が、関ヶ原合戦後は徳川家康の側室茶阿局に仕えていたり、山崎の合戦に敗れて明智光秀とともに処刑された斎藤利三の娘お福（春日局）が家光の乳母となり、江戸城大奥で権勢をふるっているのをみても、女のネットワークが想像以上にはりめぐらされ、戦場の論理をとび越えて横断的に活躍していることがわかる。

秀吉はおねに全幅の信頼をよせて、豊臣家の奥向きから諸大名の人質の統括、さらには朝廷や公家とのの公的なつきあいまで一任した。淀殿に鶴松が生まれると、おねも「おかかさま」として養育の責任を担っている。

利家が豊臣政権の重鎮として秀吉をささえていたのと表裏一体となって、まつも豊臣家の奥向きに関与して北政所おねをささえていた。その地位と役割を如実に示しているのが、慶長三年（一五九八）三月の醍醐の花見である。秀吉晩年のこの宴に連なった輿の次第は、「一番政所さま（おね）、二番西の丸さま（茶々）、三番松の丸さま（京極龍子《たつこ》）、四番三の丸さま（織田信長の娘）、五番加賀さま（麻阿）、六番大納言殿御内（まつ）」の順であった(『太閤さま軍記のうち』)。秀吉の妻妾以外で参列しているのはまつだけで、これをみても豊臣家中でまつがいかに重んじられていたかがわかる。

さらに花見の席で、茶々と京極龍子とが盃をいただく順序をめぐって争ったときに、仲裁に入ったのはおねとまつであった。

秀吉の世嗣秀頼を産んだのが淀殿ではなく、おねであったなら、豊臣政権は秀吉の政策を継承してつづいていったと思われる。おねが築いた大名家との太いパイプは、おねが秀吉の死後大坂城をはなれ、京に移ったことで途絶えてしまった。

侍は家を立てることが第一

慶長四年(一五九九)三月、死の床にあった利家は故太閤から託された幼い秀頼を守るため、まつに遺言状を書きとらせた。

「利長は三年間加賀に下ること無用。利政は金沢に帰って動かぬように。大坂と国元に八千ずつ交替で兵をつめさせ、もし秀頼さまに謀叛をおこす者がでたら、利政は八千の兵を率いてただちに上洛し、利長の八千と一手になって働くよう」

すでに関ヶ原の合戦を予見した利家の懸念は命中する。利家の死によって豊臣政権内部の対立が激化し、ついに分裂してしまう。五奉行筆頭の石田三成を弾劾し、これを討伐しようとした細川忠興、池田輝政、加藤清正、浅野幸長、福島正則、黒田長政、加藤嘉明の七人衆を抑えたのは家康で、三成は佐和山城に逼塞《ひっそく》させられた。

秀頼の傅役として大坂城にいた利長は、日増しに強まる家康の圧迫にたえきれなくなったのか、父の遺言にそむいて金沢に下向してしまった。家康のすすめによる帰国だったともいわれている。

九月七日、秀頼に重陽《ちょうよう》の賀をのべるため大坂に下った家康は、五奉行の増田長盛《ましたながもり》から不穏な動きがあることを告げられた。金沢に帰った前田利長が、浅野長政、土方雄久《ひじかたたかひさ》、大野治長《はるなが》らを煽動して家康の暗殺をくわだてているというのである。家康側とみられていた浅野長政が暗殺の陰謀に加わったというのもおかしな話で、前田と徳川を離反させようとする三成の謀略説もある。老獪な家康はこれを逆手にとって、おねが去ったあとの大坂城西の丸に乗りこみ、浅野、土方、大野の三人を処断した。

いきなり謀叛の首謀者にしたてられた利長は、大坂からの通報に仰天し、家老の横山長知《ながちか》を大坂につかわして弁明陳謝につとめた。しかし、根のないうわさであることを百も承知でおどしをかけている家康が、弁明など聞くはずがなかった。

金沢では二男の利政が合戦も辞さずといきり立っているという。利家の死後、落飾して芳春院《ほうしゅんいん》と号したまつは、覚悟をきめたように家老の横山にいった。

「わたくしはもはや年寄りゆえ、老い先も短い。疑念をはらすため、人質として江戸にまいります。前田家を救うにはそれしかありませぬ」

家康は公儀の名のもとに加賀征伐をしかけているのだ。まともにたたかったのではとても勝ち目はない。夫の遺命にそむいても、家康との妥協の道をさぐろうとしたのだろう。

大坂から伏見の屋敷に移っていたまつは、京都三本木の屋敷に住まいしていたおねとも会い、善後策を相談しあったものと思われる。そのうえでの決断であった。豊臣家筆頭大名である前田家当主の母親が人質として江戸に下向すれば、諸大名もこれにならうにきまっている。加賀を征伐するよりもはかりしれない成果がある。

まつが見越したとおり、家康はこの提案をうけいれて前田攻撃の矛先をおさめた。

「侍は家を立てることが第一です。母のことを案じて家

前田利家画像／大本山總持寺蔵

をつぶしてはなりませぬ。利長に母を捨てよ、と伝えてくだされ」

そういいのこして、まつが江戸に下ったのは慶長五年（一六〇〇）五月、関ヶ原合戦の四カ月前であった。

孤独な江戸での人質生活

母の英断に利長の迷いはふっきれた。大坂方の毛利輝元と宇喜多秀家らの誘いをしりぞけ、関ヶ原の合戦では家康に味方する。石田三成に応じた加賀の大聖寺城を攻めて山口正弘父子を討ち、さらに小松城主の丹羽長重《にわながしげ》を追撃するなど、背後の弱点を援護して徳川軍を勝利に導いた。

近江大津で家康に謁見した利長は大いにその軍功を賞され、戦後は大名中最高の百二十万石に加増される。さらに嗣子ときめていた妾腹の弟利常《としつね》に徳川秀忠の二女子々姫《ねね》（のち珠姫《たま》）をめとることを約し、慶長十年（一六〇五）には利常に家督をゆずって隠居した。

兄の利長にしたがわず、関ヶ原合戦にも出陣しなかった利政は、戦後家康から所領を没収され、妻籍《せき》（蒲生氏郷の娘）とともに京都嵯峨に隠棲した。当時妻の籍が大坂方の人質となっていたため自由に動けなかったのだといわれているが、大坂方に気脈を通じていた

芳春院（まつ）画像／大本山總持寺蔵

形跡もあるという。

細川忠興の嫡子忠隆に嫁した五女千世は、姑の玉子が自害したときに、宇喜多邸に逃れて自分だけ助かったと聞いた忠興が激怒し、離縁された。妻の行為をかばった忠隆も廃嫡され、前田家を頼ったがうけいれられず、北野に閑居したという。千世は加賀に帰り、のちに家臣の村井長次と再婚している。四女豪も、夫の宇喜多秀家と二人の息子が八丈島に流されたあと、娘とともに金沢に帰った。

五十四歳のまつにとって、江戸での人質生活はつらく孤独なものだった。末娘の千世にあてた手紙では、牢人となった二男の利政の復権をみとめるようなそぶりをみせながら、うやむやにしている家康の違約をなじり、心身の健康状態もよくないと訴えている。

こうした難題に直面しながらも、読書にはげみ、信仰と座禅によって心の鍛練につとめたといわれている。まつが描いた「達磨図」がのこされている。ほかの作家の絵や版本の挿絵などを手本としながら描いたものらしい。なめらかな筆跡で、少林寺で瞑想するため座禅したという達磨のにらみをきかせた姿を巧みにとらえた墨画である。

京都大徳寺の春屋宗園《しゅんおくそうえん》に帰依《きえ》して芳春院という塔頭《たっちゅう》を建立し、能登の総持寺《そうじじ》を再建したのも六十をすぎた晩年のことである。

家康はすぐに帰国させるようなことをほのめかしながら、利長が隠居してのちもまつを江戸にとどめおいた。それだけ利長を警戒したからだろう。大坂冬の陣がおこる前年、大坂の豊臣秀頼から味方につくよう誘いをうけた利長は、「わたしは病気の身で、とてもお味方できかねます。利常は将軍家の婿なのでどのように考えているかわかりません」と応じなかった。

利長の思慮深く現実的な妥協のうまさは母ゆずりといえる。家臣にたいする心配りも行き届いていたことが、まつの手紙から察せられる。

幕府がまつの帰国をゆるしたのは慶長十九年（一六一四）六月、利長が越中高岡城でなくなった翌年のことである。そのあいだ、幕府のゆるしを得て摂津の有馬温泉や伊勢参りにでかけたが金沢には帰れず、まつに会いたいという利長の願いもむなしく、病没してしまったのである。十四年におよぶまつの長いたたかいがおわった。

再会した二人

出家して高台院と号したおねは、慶長十年六月に京都三本木の屋敷から東山の康徳寺《こうとくじ》に移った。この寺はおねが母朝日のために建てた菩提所で、初め寺町にあったのをこの地に移し、故太閤の冥福を祈るための高台寺の創建にとりかかる。当初おねは自力で建立しようと考えていたようだ。それを家康は天下普請として、堀直政や加藤清正、福島正則など豊臣恩顧の大名に合力を命じている。幕府が援助するかたちをとりながら、豊臣方大名の勢力をそぐのがねらいである。

さらに家康は、秀吉が遺した莫大な金銀を費《つい》えさせるために、淀殿や秀頼をそそのかして方広寺《ほうこうじ》大仏殿を再建させ、畿内や西国の諸社寺の造営もさかんにやらせている。そのあげく、方広寺の梵鐘に刻まれた「国家安康・君臣豊楽」の銘文を豊臣攻めの口実にした。

大坂冬の陣がはじまる前、おねは何とか開戦をくいとめようと動いた形跡がある。西洞院時慶《にしのとういんときよし》の日記『時慶卿記』によると、慶長十九年十月一日、高台院が京都から大坂に向かったが、途中、徳川軍に行く手をはばまれて、やむなく鳥羽から京都に引き返したとある。大坂に向かった理由は記載されていないが、淀殿と秀頼を説得しようとしたためではなかったかと想像される。

おねは秀忠が二代将軍に就任した慶長十年、家康が大坂城の秀頼に上洛をうながしたことに反発した淀殿と険悪な情況になったときも、十月二日孝蔵主とともに大坂城におもむいている。十八日間も滞在して帰った翌二十一日に、ふたたび孝蔵主を派遣しているのだ

『時慶卿記』。家康に抵抗する淀殿を説得するためにでかけたとしか思えない。しかも、説得は不調におわったのだろう。将軍職が秀忠に委譲されたいま、秀頼をせめて徳川家の親藩として存続させたいと願うおねのおもいは淀殿には通じなかったようだ。

これまでおねは、秀吉とともに築いた豊臣家が淀殿と秀頼母子に継承されたため、秀吉なきあとの豊臣家の存続にはあまり関心がなかったとみなされてきた。わたし自身もそのように解釈して、子どもを産めなかったおねと、秀頼の生母淀殿との確執が、関ヶ原合戦の帰趨をきめたと考えていた。こうした見方を払拭してくれたのが、福田千鶴氏の『淀殿』であり、田端泰子氏の『北政所おね』であった。北政所と淀殿の対立の構図は、築山殿事件と同じように、家康を正当化するため後世になって創作されたものであったことが近年、とりわけ女性の研究者によって明らかにされている。

大坂城落城とともに淀殿と秀頼が自刃して、豊臣家はほろんだ。その直後の慶長二十年（一六一五）五月十九日付で、おねから伊達政宗に宛てた書状がある。そのなかで大坂落城についてふれ、「大坂城落城のことは、何とも申しあげるべきことばもありません」と万感のおもいをこめた心情を吐露している。

ようやく解放されて帰国したまつは、真っ先に高岡の利長の墓に詣で、金沢で家族との再会をよろこびあった。豊臣氏が滅亡し、家康もなくなった翌元和三年（一六一七）の夏、念願の上洛をはたす。人質として江戸にいたあいだも、たえず利政やおねのことが念頭からはなれなかったのだろう。嵯峨に閑居している利政夫妻のもとをおとずれ、京都東山の高台寺をたずねた。

夏の陣以後のおねは、高台寺でひっそりと余生をおくっていた。そこに思いがけず、まつがあらわれたのだ。十七年ぶりの再会である。二人が何を語り合ったのか、うかがうすべはないが、つもる話はつきなかったはずである。

おねにとっては、金沢に引きとられた豪のことが何より気がかりであったと思われる。幼いころから病弱だった豪は、結婚してからも産前産後には病臥することが多く、そのたびに秀吉とおねは神仏に祈願した。豪は寛永十一年（一六三四）に金沢で没している。豪の娘は伯父利長の養女となり、家臣の山崎長郷に嫁し、のち富田重家に再嫁した。八丈島に流された宇喜多秀家と息子たちは前田家が援助しつづけたという。

まつはおねと対面をはたすことができて安心したのか、金沢に帰ってその年の七月十六日に死去した。享年七十一歳。おねがなくなったのはその七年後の寛永元年（一六二四）九月六日であった。

第五章　土佐二十万石に躍進した妻の機転

山内一豊の妻千代(見性院)

伝説と逸話が一人歩き

かずかずの逸話が伝えられているわりには、山内一豊《かずとよ》の妻に関する確実な史料はごくわずか、それも夫がなくなったあとの晩年のものである。一般に流布している「千代」という名前も、山内家の記録にはでてこない。わかっているのは一豊の死後に剃髪して「見性院《けんしょういん》」の法名でよばれたことと、なくなったのが元和三年（一六一七）十二月四日で享年六十一歳ということぐらいである。そこから逆算して弘治三年（一五五七）の生まれであることがわかる。

豊臣秀吉や明智光秀でさえ、その前半生を知る手がかりとなる史料がまったくないのだから、山内一豊やその妻の前半生などわからなくて当然である。『寛政重修諸家譜』によると、一豊は天文十四年（一五四五）もしくは十五年に山内盛豊《もりとよ》の二男として尾張に生まれた。

戦国末期の尾張は、岩倉城にいて尾張の上四郡を支配する織田家と、清洲城にいて下四郡を支配する織田家とに分かれていた。織田信長の家は織田家の支流で、父信秀は清洲の三奉行の一人にすぎなかったが、尾張の国侍《くにざむらい》を手なずけて勢力をのばし、急速に台頭してきた。

一豊の父盛豊は尾張上四郡の守護代であった岩倉城の織田家に仕え、家老となって黒田村に支城を築いて住んだ。当主の敏信が病死したのち嗣子の信安（のちに信賢）を守り立て、信秀の跡目を継いだ信長に敵対することになる。弘治三年（一五五七）、信長に攻められて黒田城が落ち、父盛豊と兄十郎が討ち死にした。信長が岩倉城を攻め落として尾張を統一するのは永禄二年（一五五九）のことである。

父が戦死したとき一豊は十二歳であった。岩倉城陥落ののち信長に仕えたとあるが、『信長公記』（太田牛一が著した信長の一代記）に山内一豊の名前が見あたらないことからみても、実際には木下藤吉郎とよばれた秀吉を主君と仰いだのだろう。信長からみれば陪臣にすぎない。一豊にしても、親兄弟の敵である信長の家臣となるのは抵抗があったものと思われる。

一豊と千代が結婚した時期もよくわからない。千代の出自については、近江の土豪若宮喜助友興の娘との説もあれば、美濃郡上《ぐじょう》城主遠藤盛数の娘であったという説もある。いずれにしても、幼くして父をなくし、縁故を頼ったという生い立ちは一豊と共通する。千代は母とともに親戚筋にあたる美濃の不破氏のもとに身をよせ、その後、一豊と結婚したという。

長女与禰《よね》が生まれたのが天正八年（一五八〇）なので、結婚はそれ以前ということになる。一豊が越前の朝倉攻めで顔面に深手を負いながら、朝倉方の猛将として名をはせた三段崎勘右衛門を討ちとって、信長にみとめられたのが天正元年（一五七三）である。その武勲を賞して、長浜城主となった羽柴秀吉から、近江国東浅井郡の唐国《からくに》に四百石をあたえられた。一豊が天文十四年生まれなら天正元年には二十九歳で、千代は十六歳である。おそらくこのころに二人は結婚したのだと思われる。

信長の死後、一豊は秀吉直属の武将としてつぎつぎと所領をあてがわれ、秀吉の死後は徳川家康にしたがって会津の上杉討伐に従軍する。関ヶ原の合戦後は掛川五万石（のちに加増されて六万石余り）から、いきなり土佐高知二十万石余りを領する大名となった。このめざましい躍進ぶりをみて、後世の人びとは、一豊の陰に妻の内助の功があったのではないかと想像したのだろう。

かくして虚実とりまぜた逸話が語り伝えられていった。なかでも有名なのが、名馬購入の話である。新井白石が編纂した『藩翰譜《はんかんふ》』によれば、千代が夫に名馬を購入するようすすめ、結婚するときに養父がもたせてくれた黄金十両をさしだした。ほどなく京で馬揃えがあったとき、一豊の馬が信長の目にとまり大いにほめられた。以後、一豊はしだいに立身していったという。

信長が京で馬揃えを行ったのは天正九年(一五八一)二月二十八日のことで、正親町《おおぎまち》天皇や公卿衆も臨席のもと、思い思いの装束に趣向を凝らした武将たちが、自慢の馬に乗って馬場を行進する一大イベントであった。さらに禁中からの所望で、信長は三月五日にも馬をだしている。この馬揃えのようすを記した『信長公記』には、羽柴秀吉の名も、猪《い》右衛《え》門《もん》とよばれた山内一豊の名もでてこない。

信長はこの年の八月に、三度目の馬揃えを安土で行った。そして、八月十四日に秘蔵の馬三疋《ひき》を高山右近に引かせて、因幡《いなば》鳥取の羽柴筑前(秀吉)のもとへつかわしている。その際、鳥取のようすを子細に見聞して言上するよう命じた。

このころ秀吉は鳥取城の攻略にとりかかっている最中で、これを伝え聞いた秀吉は「身にあまるかたじけなき次第」と感激している。一豊も秀吉にしたがって鳥取攻めに参陣していたと思われる。

秀吉の鳥取城攻略は三カ月余りにもおよび、「鳥取城の兵糧攻め」と後の世までも語りぐさとなるほど凄惨をきわめた戦いであった。九月に入ると城の兵糧も底をつき、戦死した人の肉まで食べたといわれ、飢えて柵にすがって救いを求める人びとを、秀吉軍は容赦なく鉄砲で撃った。撃たれた者がまだ息をしているのに、それに群がって肉を食らうありさまを、『信長公記』は赤裸々に伝えている。

鳥取城が落城したのちも、秀吉は十月に伯耆《ほうき》（鳥取県の西部）の攻略、十一月には淡路島の平定と席のあたたまる暇もない多忙さで、一豊も秀吉にしたがって淡路に出陣している。

裏付け調査を進めていくと、名馬購入の一件は後世のつくり話ということがわかる。二人が結婚したと思われる天正元年に四百石の知行をあたえられているのだから、何も妻に援助してもらわなくても馬ぐらい買えたはずである。さらにいえば、妻が鏡の筥《はこ》の底から黄金十両をとりだしたときの一豊の心中は複雑で、うれしく思う半面、黄金を所持していることを知らせなかった妻を恨んだという『藩翰譜』の記述には、江戸期になってからの常識が反映されているように思われる。ここには、妻が結婚の際に持参したお金は夫婦の共有財産という認識がうかがえる。

しかし、戦国時代の常識はちがっていた。嫁入りのときの持参金や土地などの化粧料は、あくまで妻の財産であり、妻がなくなったり離婚したときには実家に返すのが通例となっていた。いつ戦争になるかわからない時代にあって、化粧料はわが身を守るために使う大切な財産である。苦しい家のやりくりをみていながら、黄金を所持していることをなぜかくしていたのかなどと夫に恨まれるいわれはない。

もしこの逸話が事実だとしたら、千代は当時の常識を越えた感覚の持主であるといえる。なぜなら、自分のために使うべき化粧料を夫の出世のために投資し、それがみごとに功を奏しているのだから、先見の明といい判断力といい、傑出している。新井白石が千代のことを「さか(賢)しき人」と評しているのもうなずける。

ただし、これはもう「内助の功」などという次元を超えている。「山内家」を一企業にたとえれば、会社を発展させるのは社長一人の力ではなく、むしろ有能な補佐役がいるかどうかできまる。戦国武将の妻は夫との共同経営者ととらえたほうがわかりやすい。

出世街道まっしぐら

『寛政重修諸家譜』には、唐国に四百石を知行したあと、天正五年に播磨(兵庫県の南西部)のうちに二千石を知行したとあるが、秀吉が播磨姫路城主となったのは天正八年四月であり、一豊が播磨に知行をあたえられたのもそれ以降と思われるので、この記述とは矛盾する。その所在地がどこなのかも不明である。天正八年に長女与禰が誕生したころは、まだ近江の唐国にいたのか、それとも播磨に移り住んでいたのかどうか。天正十年には播磨印南《いなみ》郡に五百石を加増されているので、このころには播磨を本拠地にして屋敷を構えていたのだろう。

一豊が近江に五千石をあたえられ、長浜城主となるのは天正十二年（一五八四）である。一豊と千代にとっては、いよいよ秀吉が天下を制して、長年夢みてきた城持ちの大名にまでのぼりつめた記念すべき年である。秀吉に忠勤をはげんできた地道な努力がようやく報われた。四十歳の一豊は意欲満々ではりきっており、娘の与禰も五歳のかわいいさかりとなった。千代の人生でいちばん充実した、しあわせな時代であったろう。嗣子がないのが悩みのたねであったとしても千代は二十八歳、まだ子どもが産める年齢である。

家臣もふえて、城主夫人としての千代の役割はこれまで以上に大きくなった。このころ、一豊は加賀大聖寺《だいじょうじ》の溝口氏の世話になっていた弟の康豊《やすとよ》夫妻を長浜城によびよせている。康豊は妻に先立たれ、水野氏の娘（妙玖院《みょうきゅういん》）を後妻に迎えていた。この夫婦のあいだに生まれた忠義（文禄元年生まれ）がのちに一豊の養子となり、山内家を継ぐことになる。

天正十三年（一五八五）八月、長宗我部《ちょうそかべ》元親《もとちか》を敗って四国を平定し、越中の佐々成政を屈伏させた秀吉は、大がかりな大名の配置替えを行った。なかでも注目されるのが秀吉の甥羽柴秀次で、近江を中心に秀次本人に二十万石、宿老(年寄)たちに二十三万石、合わせて四十三万石があたえられ、近江の国主にすえられた。

秀吉にとっては、弟の秀長とともに、甥の秀次やその弟で養子の小吉秀勝は数少ない血縁者であり、豊臣政権をささえる柱と考えていたのだろう。一豊はその宿老の一人に選ばれたのである。

秀次は、信長が築いた安土城には入らず、近江八幡に新たに城を築いた。この夏はじめて近江八幡をおとずれて感じたのは、城下町らしくないたたずまいであった。どこの城下町もたいてい丁字路があったり、袋小路になっていたりするのに、近江八幡は碁盤の目のように整然とした街路がととのい、いかにも自由な商人の町といった印象をうけた。軍事面よりも、商業を重視した町づくりは秀次によってはじまったのだ。

長浜城主だった一豊は、天正十三年六月に若狭(福井県の西部)西懸を預けられ、高浜城に移住したのは、秀吉の越中攻めに備えたためであった。越中を平定したのち、秀次の宿老としての重要な役割があたえられたのだ。宿老とされたのは一豊のほかに、早くから秀次に付けられた田中吉政、近江水口城主の中村一氏《かずうじ》、近江佐和山城主の堀尾吉晴、美濃大垣城主の一柳直末たちで、ほかにも何人かいたようだ。

一豊は秀次の宿老になった時点で近江のうちに二万石を拝領し、長浜城に帰ることをゆるされた。ほかに一万石の代官領を預けられているのだから大出世である。一豊と千代の運命が大きく展開していくかにみえたその三カ月後に、突然の不幸に見舞われる。

同年十一月二十九日の深夜、長浜一帯が大地震におそわれた。四十日間もたえまなく微震がつづいたほどのすさまじさで、長浜城の大半が崩壊し、六歳だった一人娘の与禰とその乳母、家老の乾彦作和信をはじめ数十人の家臣たちが倒壊した建物の下敷きとなって死亡した。

当時一豊は在京中で、千代もかろうじて助かったが、愛娘をなくした衝撃と悲しみは深く、容易に立ちなおることができなかったようだ。悲嘆にくれていたときに、千代は長浜城外で捨て子を拾った。じつはこの捨て子は一豊の家臣北村十右衛門の三男であったのを、わざわざ捨てさせ、家臣の五月茂右衛門に命じて拾わせたのだという。

千代の嘆きを見るに見かねた一豊の配慮だったのかもしれず、うがった見方をすれば、一豊がほかの女性に産ませた庶子だったとも考えられる。千代はおそらくそのことを知っていたのだろう。養子にしてわが子同然に育てた男子が十歳になった慶長元年（一五九六)に、祥雲寺《しょううんじ》の住職南化玄興《なんげげんこう》にあずけて出家させた。のちの湘南《しょうなん》和尚で、土佐の吸江寺《きゅうこうじ》を中興した人物として知られている。

京都東山の祥雲寺は秀吉が夭折した世嗣鶴松のために大仏殿のそばに建立したもので、妙心寺の住職だった南化を招いて開山とした。南化は「心頭を滅却すれば火もおのずから涼し」と火炎のなかに身を投じた快川紹喜《かいせんじょうき》の弟子として知られ、快川とともに武田信玄の知遇を得た。信玄の葬儀に大導師をつとめたのは快川であり、六条河原に梟首《きょうしゅ》された勝頼と信勝父子の首級《しるし》を信長に嘆願してもらいうけ、妙心寺に手厚く葬ったのは南化である。

信玄の娘菊姫を正室に迎えていた上杉景勝や側近の直江兼続も南化を師と仰ぎ、深い親交をむすんだ。菊姫も人質として京の伏見屋敷に住まうようになってから南化に帰依している。湘南が南化の弟子となったのは、菊姫や兼続の正室お船が上洛した翌年のことだから、祥雲寺をおとずれた際に、菊姫たちが千代と顔を合わせた可能性は高い。上方での外交戦略を担っていた武将の妻たちにとって、寺院や僧侶を介した人的ネットワークも見逃せない要素である。

秀次事件と一豊夫妻

秀次が秀吉の後継者として養嗣子に迎えられたのは、世嗣の鶴松がなくなった天正十九年（一五九一）八月五日以後のことである。この年の一月には長年秀吉をささえてきた弟の秀長も死去している。ガックリと気落ちしていたところへ、追い打ちをかけるように三歳になったばかりの鶴松を失い、秀吉は急に弱気になってしまったようだ。

血縁者で頼れるのは秀次と養子の秀勝しかいない。秀勝は天正十五年の九州攻めのあとの論功行賞で、「もっとほしい」と要求して秀吉の怒りをかい、所領を没収されたりしている。養子にはしたものの、後継者とするには不安があったのだろう。

秀次は天正十九年十二月二十八日に関白に叙任された。その秀次も、秀吉から全幅の信頼を得ていたわけではなかった。小牧・長久手の戦いのときに、多くの有力な武将を戦死させた秀次にたいして、秀吉は書状のなかで「無分別の大たわけ」と叱責し、秀吉の甥であることを鼻にかけた傍若無人なふるまいを戒めている。関白をゆずるときにも、五カ条にわたる訓戒状をあたえて誓約させたのは、秀次への不安をぬぐえなかったからだ。なかでも「茶の湯、鷹野、女狂い」をあげて、秀吉のまねをするなといっているのには失笑させられる。秀次も秀吉に似て相当な女好きであったことは、三条河原で処刑された妻妾の数の多さからもうかがえる。

秀次に関白を委譲して太閤となった秀吉は、みずから指揮して朝鮮侵略にふみだした。秀次への訓戒状の第一条に、軍事に関しては「秀吉置目」にしたがうよう求めており、豊臣政権にとってもっとも重要な軍事指揮権は手ばなしていない。しかも皮肉なことに、秀次に関白をゆずった二年後の文禄二年(一五九三)八月三日、淀殿が男子を産んだ。拾《ひろい》と名づけられたのちの秀頼である。

肥前名護屋にいた秀吉は、無事出産の知らせを聞いて、矢も盾もたまらず名護屋を発ち、大坂城で生まれたばかりの拾を抱いている。思いがけない実子の誕生で、秀次の運命も狂いはじめた。

太閤秀吉と関白秀次の確執はのっぴきならないところにまでいたり、文禄四年(一五九五)七月、秀次は謀叛の疑いをかけられ、高野山において切腹させられた。秀次の妻妾子女三十余人もことごとく捕えられ、三条河原で処刑された。世にいう「秀次事件」は、秀吉が実子秀頼を溺愛するあまり、関白職を秀次にゆずったことを後悔し、秀次の行状をあげつらい、あげくの果てに切腹させたとうけとめられている。そうした側面はあったとしても、それだけの理由ではなかった。

朝尾直弘氏が指摘しているように、秀頼の誕生は、豊臣政権内に「太閤衆」と「関白衆」という二つの系列の家臣団が形成され、複雑な権力闘争を引き起こす結果となった。なかでも問題となったのが蔵入地の支配権をめぐる太閤と関白の対立で、太閤権力による関白権力の撤収が進行していたのである(『大系日本の歴史 八』)。

秀次の関白職剝奪と高野山への追放、そして切腹という事件の余波は、一豊と千代夫妻にどのような影響をあたえたのであろうか。秀次が尾張と北伊勢を拝領し、尾張中納言となった天正十八年に、一豊は遠江掛川五万石の城主となった。ほかの宿老も、田中吉政が岡崎五万石、堀尾吉晴が浜松十二万石、中村一氏が駿河府中十七万五千石を秀吉からあたえられている。

宿老のうち、秀次に連座したのは前野長康、渡瀬重詮《しげあき》、一柳直盛などで、田中吉政、中村一氏、山内一豊、堀尾吉晴らは連座しなかった。とりわけ中村、山内、堀尾の三人は、秀次が伏見に召喚されたときの使者五人のなかに加わっていた。もうこの時点で、秀次にたいして距離をおいていたことがわかる。

一豊は連座をまぬがれただけでなく、秀次の蔵入地のなかから八千石の加増をうけ、遠江の蔵入分およそ三千石を預けられている。秀次の与力になっても、一豊のなかでは長年仕えてきた秀吉への忠誠心の方がつよかったのだろう。それにしても、的確な情況判断と先の見とおしをもっていなければ、熾烈な権力闘争にのみこまれてしまったはずであり、太閤と関白とのあいだに立って、一豊がどのように身を処していくかについては、当然ながら千代の意見も反映していたと思われる。

一豊に決断させた笠の緒の文

数ある千代の逸話のなかで、名馬購入の話よりも重要なのは、関ヶ原合戦のときにとった千代の行動である。

慶長五年（一六〇〇）七月、家康率いる上杉討伐軍にしたがい、下野宇都宮まで進軍していた一豊のもとに、二十四日の夜半、大坂屋敷にいた千代からの飛脚がとどいた。文箱には封がしてあり、さらに一豊あての文を使者の編笠の緒に入れてあった。大坂の情勢を知らせたものにちがいないと思った一豊は、編笠の緒をとかせて披見したのち、ただちに文を火中に入れて燃やしてしまった。そこには一豊の決断をうながす内容が書かれていたにちがいない。一豊は夜半にもかかわらず、野村内記をよんで、封をしたまま文箱を小山の陣中にあった家康のもとにとどけさせた。

文箱には、千代の書状のほかに、五奉行の増田長盛と長束正家《なつかまさいえ》の書状が入れてあった。それは家康が待ちのぞんでいた大坂方の情勢を知る手がかりとなった。「内方(正室)よりの文がとくに気に入った」と家康はほめたが、本命は一豊にあてた増田と長束の書状であったろう。

その夜、家康のもとに伏見城の留守居役鳥居元忠からも三成挙兵の急報がとどいていた。このころすでに伏見城は西軍に包囲されて、はげしい攻防戦を展開していたのである。家康にとっては、筋書きどおりの三成の行動である。三成に反徳川の勢力を結集させ、合戦に持ちこんで決着をつけないことには天下はとれないとふんでいた。しかし、これは危険な賭けである。上杉追討の名目ではせ参じた豊臣恩顧の武将たちが、いかに三成に敵対していたとはいえ、秀頼のいる大坂に攻めのぼるかどうか、家康にも確たる自信はなかったろう。しかも、多くの諸将の妻子はみな大坂にのこしてある。三成挙兵の報にあわてふためき、だれもが浮足立っていた。

山内一豊画像/土佐山内家宝物資料館蔵

翌二十五日、小山本陣での会談にのぞんだ家康は、諸将の心底をはかるための大芝居を打った。

「上方で石田治部少輔が蜂起したとの知らせがとどいた。いずれも妻子を大坂にのこして、さぞ気がかりでござろう。諸侯がこの陣中を引きはらい、大坂にのぼられても恨みには思わぬ」

一座は水を打ったように静まりかえった。福島正則が真っ先に進みでて、「妻子にひかれて武士の道をふみちがえては世間のそしりをうけよう。内府殿にお味方つかまつる」と口火を切った。つづいて一豊が、「わが掛川城を無条件で内府殿に明けわたす所存でござる。城内には兵糧の蓄えも十分にあり、わが妻子・郎党はことごとく吉田の城に入れて、みずからは先陣をつかまつる」と思いきった発言をした。これがよび水になって、東海道筋の大名はことごとく城を明けわたすことを申しでたという。

評定の流れは家康の思惑どおりとなった。一豊の評価は一気にあがり、封のままさしだした文箱とともに家康から賞賛されることとなる。

じつは、小山会談を前に、一豊は若年ながら才知ある人物と感じて親しくしていた浜松城主堀尾忠氏(吉晴の子息)の陣におもむいて、「このたびのことをどう思うか」とたずねたところ、忠氏が「わたしはわが城に兵糧をつけて内府に明けわたし、人質を吉田の城に入れて、みずからは先陣して戦うつもりだ」と答えたので、一豊も「たしかにそのとおりだ」とうなずき、二人は連れだって小山の陣におもむいた。評定の場で真っ先に福島正則が名のりをあげたので、一豊も進みでて、堀尾のいったとおりのことを申しのべたのだという（『藩翰譜』）。

忠氏は一豊にぬけがけされたことを怒るどころか、いっしょに帰る道すがら、「今日は一豊殿の日頃の律儀さに相違していたので、いうべきことばもなかった」と大笑いしていったので、一豊も笑って帰ったと記している。これで見るかぎり、二人は合意のうえで家康に味方することをきめていたのだろう。編笠の緒に入れた千代の手紙が一豊に決断をうながし、積極的な行動をさせたのだと思われる。三河吉田城は一豊らと親しい池田輝政の居城である。家康の娘婿である輝政に人質を送りこむという妙案を思いついた堀尾忠氏の才覚もさることながら、それを見ぬいて用いた一豊も並の武人ではない。

関ヶ原合戦の論功行賞で、一豊は掛川六万石（ほかに預り地一万石余り）から土佐二十万石余りを拝領した。これもひとえに千代の機転があったればこそ、である。こうした妻の功績は、ほとんどの正史に記載されることなく埋もれてしまうなかで、白石が「一豊が妻、さるさかしき人なれば、しかるべき侍くだせしにぞ、精しきことは知れにける」（『藩翰譜』）とわざわざ明記しているほど、関ヶ原合戦における千代の功績をだれもがみとめていたということだろう。

晩年は京都で悠々自適の生活

大国土佐の藩主となった一豊と千代には、新たな試練が待ちかまえていた。秀吉の四国征伐で長宗我部元親が降伏したのが天正十三年で、その元親も関ヶ原合戦の前年になくなり、家督を継いだ嗣子盛親は大坂方のよびかけに応じて出陣するが、戦況不利とみて帰国していた。

謝罪につとめた盛親の願いは一蹴され、山内氏を領主にむかえることになった「一領具足《いちりょうぐそく》」とよばれる郷士《ごうし》（田畑を持つ武士）たちが、旧主にたいする同情と土地を奪われるのではないかという不安から一揆をおこしたのだ。

一豊は土佐の人心を安心させることが先決とみて、一足先に弟康豊を入国させ、長宗我部氏に準じた政治を行うので、すみやかに在所に帰ること、したがわない者は処罰するという施政方針を国中にふれさせた。入国した一豊はただちに土佐支配の「置目（掟）」を文書にして、郷士から庄屋・百姓に至るまで布達し、事態の収拾をはかった。

あくまで山内氏の入国に反対する者たちは一揆をおこして抵抗したが、他国にでて仕官する者もあれば、そのままのこって山内氏に召し抱えられた者もいた。幕末の志士で土佐勤皇党を結成して活躍した武市瑞山（通称を半平太）や坂本龍馬は長宗我部氏以来の郷士の出で、山内氏譜代の上士とは身分的にも差別された。

一豊は長宗我部氏が居城とした浦戸城を大高坂に移すことをきめ、築城にとりかかった。これが幕末までつづく高知城である。城のまわりに城下町がつくられ、一豊を祖とする土佐藩の治世がはじまった。

国内の統治がようやく落着きを見せた慶長八年（一六〇三）、一豊は四百石を寄進して京都花園にある妙心寺の塔頭大通院を修築した。一豊と千代にとって、長浜の大地震でなくした最愛の娘与禰を供養するためであったと思われる。以後、大通院は山内家の菩提所となり、一豊と千代の墓と位牌もここに安置されている。

一豊がなくなったのはその二年後の慶長十年（一六〇五）九月二十日、六十一歳であった。十四歳になった養子の忠義と家康の養女阿姫（松平隠岐守定勝の娘）との婚礼が、伏見屋敷で挙行された五カ月後のことである。外様大名である山内家が将軍家の姻戚となったことで安心したのだろう。

見性院（千代）画像／土佐山内家宝物資料館蔵

一豊がなくなったとき、千代は四十九歳であった。見性院と号した千代は、なき夫と娘の菩提を弔うため上洛することを決意する。義弟の康豊は思いとどまるよう慰留したが、千代の決心はかたく、一豊の死から半年後の慶長十一年三月七日に土佐を発った。甲浦から船で伏見の山内邸へいったん落ち着き、その年の六月に洛中の桑原町に屋敷をかまえて移った。ここが千代の終のすみかとなる。

千代にとって、土佐はなじみのない土地であり、親しい友人や知人もいない。家督を継いだ養子の忠義のことは後見人の康豊に任せておけばよい。京都には千代が育てた湘南和尚もいれば、一豊の二人の妹もくらしている。

それに高台院と号した北政所おねがいた。ともに後家となった二人は親しく行き来したようだ。千代から養子の忠義にあてた手紙には、北政所が薄色の山茶花《さざんか》が土佐にあると聞くのでいただきたいという希望を伝えている。

千代には賄《まかない》料として藩から千石の知行があたえられた。千代は死ぬ前に、大切にしていた料紙の箱をはじめ、『古今和歌集』や『徒然草』などの形見の品を忠義に贈り、自分の知行分のうち八百石を大通院の湘南和尚に寄進し、桑原町の屋敷は忠義に進呈する、という内容の遺書を書いていたという。

元和三年(一六一七)十二月四日、千代は桑原町の屋敷でなくなった。奇しくも一豊と同じ享年六十一歳である。大通院での葬儀をとり行ったのは湘南であり、一豊と千代の墓と位牌を同じ大きさにつくらせたのも湘南であったと思われる。湘南にとって、千代は育ての親であると同時に、敬愛の対象であったのだろう。

見性院とよばれた千代について書きとめた家臣の手紙がのこされている。そこには康豊が直前まで上洛を思いとどまるよう引きとめたにもかかわらず、それをふり切って上洛したこと。いったんは山内家の伏見邸でくらしていたのに、三カ月後には桑原町に屋敷を建てて引っ越した。このときもまわりは引っ越しをやめるよう再三にわたり説得したが、聞きいれなかったという。

いったん決めたことは最後までやり遂げる。不屈のつよさといおうか、鉄の女のようにゆるがない。千代の肖像画をみても、一瞬たじろぐほどの迫力があり、一国の宰相が似つかわしい風貌をしている。温和で情け深く、物言いもおだやかだったといわれる一豊とは対照的な、それだけに似合いの夫婦であったのだろう。

新しい屋敷に引っ越して一年近くたったころに、国元の康豊に書き送った手紙には、「去年の七月から今日まで一通の手紙もいただいておりません。伏見邸には、土佐からの使者がひっきりなしにつかわされていると聞きおよんでおりますのに、わたくしのほうへは一向に飛脚をよこさないのはどういうわけですか」と、無沙汰を問いただしている。

「とめるのも聞かずに勝手に上洛し、伏見邸にいればいいものを、屋敷まで建てて引っ越しておきながら、それはないでしょう」とぼやく康豊のため息が聞こえてくるようだ。

第六章　運命を拓いた浅井三姉妹　茶々・初・江

定説の見直しから

豊臣秀吉の正室おねが、秀吉が出世の階段を上るごとにさまざまな役割を担っていたことについてはすでに第四章でふれた。とりわけ秀吉が天下人となり、関白・太政大臣に任ぜられてのちは、北政所として朝廷へのあいさつや公家とのつきあいなどの外交から、人質として京や大坂に居住している諸大名の妻子の管理、さらに豊臣家の奥向きの差配から、多くの養子女の世話まで、まさに「豊臣のかかさま」として大黒柱のように家の中心をささえていたことがわかる。

そのおねと、秀吉の世嗣を産んで淀殿とよばれた側室の茶々とは、とかく対立する関係としてうけとめられ、秀吉なきあとの関ヶ原の合戦にいたる背景に、おねと茶々の女のたたかいがあり、それが結果的に豊臣家をほろぼしたというのが一般的な見方であった。とりわけ政治にうとい茶々は、天下がすでに徳川の手に移っているにもかかわらず、それをみとめようとせず、秀頼とともに自滅してしまったおろかな女、権勢欲にこりかたまった悪女と指弾されてきた。一方のおねも、豊臣家を見かぎり家康に政権を売りわたしたとして非難されている。

わたし自身も、大坂城をでて京に移ったおねのなかには、秀頼母子が中心となる豊臣家にたいして、もはや未練はなく、実力第一の家康に政権を託す気持があったのではないかと推測していた。事実、家康はおねが京に去ったあと大坂城西の丸に入り、五大老筆頭として政権を差配しはじめた。当時の公家の日記には、おねが大坂城を家康に明けわたし、京都新城に移るとのうわさが書きとめられている（『義演准后日記《ぎえんじゅごう》』、『舜旧記』）。

こうした解釈の見直しを迫られたのは、さきにもふれたミネルヴァ書房の日本評伝選で、福田千鶴氏の『淀殿』と田端泰子氏の『北政所』が相次いで出版されたことによる。とりわけ目からうろこが落ちたのは、茶々もおねと同じく秀吉の正室だったという福田氏の新たな視点であった。江戸時代の武家社会の婚姻形態を秀吉の時代にあてはめてとらえてきたことにたいする問題提起であり、これまでの「淀殿」の定説をくつがえした画期的な評価に共感をおぼえた。

彦根藩井伊家の奥向きについて調査研究してきた福田氏は、従来いわれてきたように江戸期の武家社会の婚姻は一夫多妻制または一夫一妻多妾制ではなく、一夫一正室多側室多妾制と理解するほうが適当という結論を引きだした。つまり正室と側室とのあいだには明確な格差があるが、側室と妾とのあいだにも明確な格差があったというのだ。

それはここ数年来、江戸城大奥を調べて知りえたわたしの結論とも符合する。徳川将軍家においても、将軍の正室は御台所《みだいどころ》ただ一人である。側室は将軍付の御中﨟《おちゅうろう》とよばれる大奥女中のなかから選ばれる。将軍の子女を産めば、「御部屋様《おへや》」とよばれ、独立した部屋をあたえられる。世嗣の生母ともなれば、「御袋様」と仰がれた。御部屋は正式な妻ではないが、十三代将軍家定の生母本寿院のように、准家族の扱いをうけた側室もいる。大奥には将軍のお手がついても独立した部屋をもたない御中﨟が大勢いた。これらはいわば侍妾で、部屋をもつ側室とはあきらかに格差があった。ほとんどの大名家は将軍家に準じた奥向きであったと思われる。

ところが、天下人秀吉の場合は一夫多妻多妾の婚姻形態をとっていたと福田氏は主張する。豊臣家にあっては妻が複数いただけでなく、茶々は北政所とよばれたおねとともに正室の一人であったという具体的な根拠を提示して、茶々を秀吉の側室＝愛妾とする史料はまったく確認できないとする。さらに「淀君」とか「淀殿」といった呼称も、茶々を「側室＝妾」とする蔑視がひそんだ江戸時代の呼称で、それ以前は結婚後も実家の名字を用いるのがつねであり、彼女の本名は「浅井茶々」、通称を「淀」とするのが適当という説も納得できる。江戸時代に書かれた『徳川幕府家譜』には「長政に三女あり、嫡女は秀吉の

伝淀殿画像／奈良県立美術館蔵

御台所淀殿」とあり、『柳営婦女伝系』も「長女は秀吉の別妻則ち淀殿」と記載しているので、茶々を正室または別妻と認識していたことがわかる。

秀吉の死後、大坂城の実質的な支配者であった茶々については、江戸時代になってから豊臣家をほろぼした張本人としてことさらにおとしめられてきた。路傍で客を引く「辻《つじ》君《ぎみ》」に重ねた「淀君」という蔑称とともに、淫乱な茶々のイメージが拡大していった。秀頼が秀吉の子ではなく、茶々と大野治長（乳母大蔵卿局の息子）との不義の子だというわさがまことしやかに伝えられたのもそのひとつである。

独裁者の秀吉の目をぬすんで密通するなど、正気の沙汰とは思えない。秀吉の残忍さは秀次の謀叛に連座して妻妾子女まで惨殺したことでもわかるように、発覚すればどのようなおそろしい刑罰を科せられるか、茶々がいちばんよく知っている。それに秀頼が不義の子であれば、糟糠の妻であるおねがそれを見ぬけないはずがないだろう。おねは秀頼を豊臣家の嫡子としてみとめ、いつくしみ、成長後も見守りつづけているのだ。その愛情の深さは、大坂の陣を回避させて、秀頼を一大名として存続させようと尽力したことにもあらわれている。

お市の選択

湖北とよばれる琵琶湖の北部、滋賀県長浜市の渡岸寺《どうがんじ》（向源寺）をおとずれたのは、梅雨明けの猛暑のさなかであった。国宝の十一面観音を拝観したいと思ったからだ。ほの暗いお堂に祀られた観音像の、息をのむほどの美しさに魅せられた。眉から鼻にかけての流麗な線、かたくむすばれた唇からあごの形も、どこか西域の雰囲気をただよわせた顔の表情である。腰をわずかにひねるかのような後ろ姿もなまめかしい。

この十一面観音は平安初期のもので、のちに比叡山の僧最澄が桓武天皇の勅願を奉じて七堂伽藍を建立し、以来天台の寺院として栄えた。その伽藍も元亀元年（一五七〇）六月、織田信長と浅井長政《ながまさ》が激突した姉川の合戦で焼失してしまった。本尊だけは観音様を敬ってきた村人たちが、猛火につつまれた堂宇《どうう》から運びだして、土中に埋めたためかろうじて焼失をまぬがれた。

寺のすぐ裏手の山が小谷城址である。湖北の戦国大名として知られた浅井亮政《すけまさ》・久政《ひさまさ》・長政の三代にわたる居城で、長政が信長の妹（いとこの娘、もしくはいとこ説も）お市《いち》とのあいだにもうけた三姉妹、茶々・初・江（江与）の生誕地である。

浅井氏は北近江を支配していた守護大名京極氏に仕える譜代の家臣であったが、亮政の時代に勢力をのばし、京極氏にとってかわった。さらに、南近江の守護大名であった六角氏の支配から脱するために、越前の強豪朝倉氏との提携をつよめていく。

亮政の死後、家督を継いだ久政が六角氏に屈伏したことに不満をもつ息子の長政とその家臣たちは、強引に久政を隠居させ、六角氏との関係を断ちきった。お市が浅井長政のもとに嫁いだのは永禄十一年（一五六八）の初めごろで、その前年に美濃を平定し、畿内の主導権をにぎった信長のほうから同盟をもちかけたのである。長政は二十四歳、お市は通説にしたがえば天文十六年生まれで二十二歳であった。当時においてはいささかおそい結婚である。

お市の方画像／高野山持明院蔵

長女茶々の誕生も不明な点が多い。江戸時代に書かれた随筆『翁草』に、大坂夏の陣で茶々が没した年齢を四十九歳としているため、それから逆算して永禄十年の生まれというのが通説となっている。しかし同書の注記には、享年四十歳、三十九歳、四十五歳の諸説があると紹介している。

このいずれの説にも疑念を抱き、星座から推定して茶々の没年を四十七歳とし、生年を永禄十二年(一五六九)としたのが井上安代氏で、井上氏は『義演准后日記』の「有卦《うけ》」に関する記事から、秀頼と茶々が有卦に入る星座をわりだし、茶々の星座を「八白土星」とみて、永禄十二年の生まれではないかと提起した(『豊臣秀頼』)。

これならお市が結婚した翌年に茶々が誕生したことになり、納得できる見解である。二女初の生年も不明ながら茶々と年子という通説にしたがえば、元亀元年(一五七〇)に生まれたことになる。三女江の生年ははっきりしていて、織田と浅井が手切れとなったのちの天正元年(一五七三)生まれである。

政略で結婚した以上、同盟関係が破綻した時点で離縁され、実家にもどされるのが通例なのに、お市は長政のもとにとどまっている。みずからの意志で婚家にとどまることを決意したお市は、このあと三女の江を身ごもり、出産しているのだ。このことからも、夫の長政とはつよいきずなでむすばれていたことがわかる。

それだけに、兄信長と敵対することになった夫との板

浅井長政画像/高野山持明院蔵

ばさみに、苦悩したお市であったろう。

元亀元年四月二十日、たびたびの上洛要請を拒絶していた越前の朝倉義景を討つため、三万の軍勢を率いて京を発った信長は、若狭《わかさ》から、越前の敦賀《つるが》に進み、手筒山城を落とし、金ケ崎城も手中におさめて、朝倉氏の本拠地一乗谷に攻めこもうとしていた。そこへ「浅井長政謀叛」の急報がとどく。姻戚の長政が裏切るなどとは思いもかけないことで、はじめ信長は信じなかった。しかし、次々ともたらされる情報は、長政の裏切りを伝えるものばかりである。退路を断たれることをおそれた信長は、木下藤吉郎を金ケ崎城にのこし、朽木《くつき》越えで京に舞いもどった。

このとき、お市が長政の謀叛を知らせるために、陣中見舞いと称して、両端をしばった小豆の袋を兄信長に送ったという有名な逸話も、婚家にとどまることを決意したお市の行動とは思えない。おそらく後世のつくり話だろう。

それにしても、なぜ長政は信長を裏切り、朝倉義景に味方をしたのか。一説によると、長政は信長と同盟をむすぶ際に、「朝倉を攻めない。もし攻めるようなときには前もって相談する」という約束事をとりかわしていたという。それが事実であれば、約束を破って、いきなり越前侵攻を開始した信長に非がある。浅井氏にとっては、織田氏との同盟よりも朝倉氏との同盟のほうがはるかに重い。隠居したとはいえ、古くからの朝倉氏とのよしみを説く父久政の意向を無視するわけにはいかず、かといって、妻の実家を裏切ることへのためらいもあった。悩んだ末に、長政は朝倉氏との情宜《じょうぎ》を優先したのだろう。

信長が越前を攻めて朝倉義景を自害させ、近江にもどって小谷城の浅井氏を攻めほろぼしたのが天正元年八月二十八日であり、信長軍の総攻撃を前にお市は生まれたばかりの江と、五歳の茶々、四歳の初を連れて城をでたものと思われる。お市が小谷城をでたのは、それが戦国のならいであったからで、長政は家臣の藤掛三河守を付けて信長のもとに送った。藤掛はお市が輿入れの際に付いてきた織田氏の家臣であったのだろう。

長政には、三人の娘のほかに男子もいた。『寛政重修諸家譜』では長男を万福丸《まんぷくまる》、二男を万寿丸《まんじゅまる》と記しているので、まだ元服前であったことがわかる。『信長公記』にある「浅井備前十歳の嫡男」が万福丸だとすると、茶々より五歳年上で、お市の輿入れ前に生まれていることになる。二男万寿丸は落城のときに生まれたばかりだったとされているので、江と同い年である。双子という可能性もあるが、長男も二男もお市の所生ではなく、長政の側室が産んだ子どもだったのだろう。

万福丸は落城前に城をでてかくまわれていたが、さがしだされて串刺しの刑に処された。

二男万寿丸はさいわい見つけられることなく生きのび、のちに福田寺《ふくでんじ》（滋賀県坂田郡近江町）の僧となり、法名を正芸《しょうげい》と称したとされる。

長政の男子はこの二人だけとされてきたが、浅井氏の末裔の一人で、江戸時代、尾張徳川家の藩医だった浅井国幹《こくかん》という人が作成した「浅井系統一覧」によると、長政には、長男万福丸、二男喜八郎、三男虎千代丸（万寿丸）、四男円寿丸の四人の男子がいたとしている。小和田哲男氏は、長男万福丸は『信長公記』にも関ヶ原で磔にされ殺されたことが見えるので確実であるとし、二男喜八郎のみが生きのこり、福田寺にあずけられたのではないかとみて、「浅井系統一覧」に三男虎千代丸が福田寺の僧になった正芸とあるのは、喜八郎と混同された誤伝ではないかと推論している（『戦国三姉妹物語』）。

寺は「縁切り」の作法によって治外法権がみとめられた場所であった。生まれたばかりの喜八郎は領内の寺にかくまわれ、信長の探索から逃れた可能性が高い。のちに常高院《じょうこういん》と称した初が、浅井喜八郎を世話していることからみても、唯一生きのこった浅井氏の血を引く男子であったのだろう。

北ノ庄落城と母との永別

信長に引きわたされたお市と三人の娘たちは、美濃の岐阜城におもむいたのち、尾張の清洲城にとめおかれ、その後、信長の弟織田信包《のぶかね》にあずけられる。信包はお市より四歳年下で、伊勢上野城（三重県安芸郡河芸町上野）の城主であった。

長政の死後、ふつうなら夫の菩提を弔うために剃髪するはずなのに、お市が髪をおろさなかったのは、信長が美貌のお市をふたたび政略の持駒として使おうとしたからだろう。信包にあずけられたお市と三人の娘たちは、痛ましい戦争の記憶をいやすかのようにおだやかな日々をすごしたようである。

小谷落城から九年がすぎた天正十年（一五八二）六月二日、信長が明智光秀に襲撃され、京都の本能寺で自害してしまう。信長の遺領分配と後継者を決める清洲会議では、山崎の合戦で明智光秀を敗った秀吉が発言力をまし、信長の嫡孫三法師を担ぎだして、信長の三男信孝を推す宿老の柴田勝家らと対立した。このときすでに信孝は、勝家の後ろだてを得るため叔母お市の再婚をとりきめていたという。

お市が信孝の説得をうけいれたのは、小谷城を攻撃して夫長政を自害に追いこみ、信長に命じられたとはいえ、長政の長男万福丸を串刺しにした秀吉への憎しみと、その秀吉に織田家を乗っとられるかもしれないという危機感があったからだろう。

婚儀は信孝のいた岐阜城で行われ、お市はその年のうちに三人の娘を連れて勝家の居城である越前北ノ庄城（福井市）に移った。しかし、ここでのくらしはほどなく終わりを告げる。翌天正十一年三月、信孝を擁した勝家は秀吉との雌雄を決するために出陣した。四月二十一日早朝にはじまった近江の賤ヶ岳での合戦は、秀吉軍の圧倒的な勝利で終わり、勝家は北ノ庄城に敗走して、四月二十四日城に火を放って自害してしまう。

落城を前に、三人の娘たちを城から脱出させたあと、お市は城内にとどまり、夫勝家とともに自害した。勝家はお市も逃がそうとしたらしいが、彼女はそれにしたがわなかった。織田家はすでに秀吉に簒奪されたも同じで、その秀吉に身柄をあずけるなどお市の誇りがゆるさなかったのだろう。

それともう一つの理由として、落城の際の女性の扱い方が変化してきたことがある。田端泰子氏が指摘しているように、荒木村重の事件以来、それまで助けられてきた女性が殺されるという風潮に変わってきた。かつて小谷城をでて、命を助けられたときのような状況ではなくなったことも背景にあったろう。

敵の手にかかって辱めをうけたり殺されるよりは、みずから始末をつける。三十六歳で命を絶ったお市の決断は重く、きびしいものであった。そのお市も、将来のある娘たちを道連れにするのはしのびなかったのだろう。ほろぼされた浅井一族をはじめ、自分や柴田勝家の菩提を弔ってほしいとの思いもあったろう。秀吉も、織田の血を引く娘たちを疎略には扱うまい。そう思う一方で、憎い秀吉に娘たちを託さねばならないお市の心中は苦渋にみちていたと思われる。茶々十五歳、初十四歳、小谷城落城のときには乳飲み子だった江も十歳である。身を引き裂かれる思いで別れた母お市の面影は、焼けおちる城の情景とともに多感な姉妹たちの記憶から消えることはなかったろう。

高野山持明院《じみょういん》所蔵の浅井長政画像とお市の方画像は、秀吉の世嗣鶴松を産んで「淀の方」とよばれた茶々が、長政の十七回忌とお市の七回忌の追善供養を行ったときに描かせたものだという。たぐいまれな美女と評されたお市と、どっしりとした重厚感のある長政の画像は、茶々の目に焼きついた父と母の面影を映したものであったのだろう。

秀吉の庇護のもとで

越前北ノ庄をでた三姉妹は秀吉の庇護をうけたといわれているが、どこでどのようなくらしをしていたのか、じつはよくわからない。秀吉が大坂城の築城にとりかかるのは天正十一年九月であり、本丸御殿が完成した翌天正十二年八月には秀吉本人が移っているので、そのころには大坂城によびよせたと思われる。

それまでのあいだ、だれの庇護のもとにいたのか。信長の弟で茶人としても知られた織田有楽長益《うらくながます》にあずけられたという説と、松の丸殿とよばれた秀吉の側室京極龍子にあずけられたとする説がある。龍子は京極高吉《たかよし》の娘で、若狭の守護武田元明《もとあき》と結婚し、天正十年に元明が秀吉に殺されたあと、秀吉の側室にされた。龍子の母は京極マリアとよばれた浅井長政の妹で、龍子と浅井三姉妹とはいとこ同士にあたる。

龍子の生年は不明だが、弟の京極高次が永禄六年（一五六三）の生まれで茶々より六歳年上であったことからみて、天正十一年当時は二十三、四歳になっていたのではないだろうか。小和田氏は、織田有楽が茶々を後見したのは天正十八年の時点であり、まだ幼い三姉妹は女性にあずけられたとみるほうが妥当で、大坂城に入るまでのあいだ、龍子が世話をして安土城にいたのではないかとみている（『戦国三姉妹物語』）。

こうした経緯をみれば、秀吉の晩年、醍醐寺での花見の席で、茶々と龍子とのあいだで「盃争い」がおきたのは、たんなる寵を競った側室同士のつばぜりあいとばかりもいいきれない。

北政所おねにつづいて秀吉から盃をうけようとした龍子を、茶々がさえぎった。若君

（秀頼）の生母であるじぶんをさしおくのは無礼だというのである。龍子もゆずらず、おねと前田利家夫人のまつが二人のあいだにわって入り、ようやくおさめたという。かつて三姉妹の面倒をみた龍子にしてみれば、茶々のいとこでしかも年長者という意識があったのだろう。

茶々が世嗣鶴松の御産所として淀城をあたえられたように、龍子も伏見城が完成したときに松の丸に住まいをあたえられたことから「松の丸」とよばれるようになった。伏見城が完成するまでのあいだ、秀吉とその家族は、大坂城でともにくらした。本丸奥御殿に北政所おねが、二の丸には茶々と拾（秀頼）、西の丸には龍子がそれぞれ住み分けた。これ以後、茶々は「二の丸」、龍子は「西の丸」と称されるようになる。ちなみに秀吉の手紙にも「淀のも

安土城図／大阪城天守閣蔵

の」とか「淀の女房」とあり、茶々のことを「淀殿」と書いた当時の史料は見あたらない。「淀」と称したのは淀城にいたあいだのことであり、大坂城二の丸に住まいしたときには「二の丸」、伏見城西の丸に移れば「西の丸」とよばれるようになる。

福田千鶴氏が、『太閤さま軍記のうち』に記された醍醐の花見の輿の順位から、「一番政所さま（おね）、二番西の丸さま（茶々）、三番松の丸さま（京極龍子）、四番三の丸さま（織田信長の娘）、五番加賀さま（前田利家の三女麻阿）」の上位五人を秀吉の正室と位置づけたのもうなずける。

もっとも当初は側室として召しだされ、その貢献度に応じて、正室の扱いへと格上げされていったのだろう。おねが第一夫人であったことは本丸奥御殿に住んでいることから明らかであるが、拾が誕生して「御袋様」としての地位を獲得した茶々が、同じ正室でも「わたしが上位」と主張したため争いとなったのだろう。

紙本著色醍醐花見図屏風・部分／国立歴史民俗博物館蔵

龍子が屈辱にたえて、夫の敵である秀吉の寵をうけたのは、浪々の身となっていた弟高次をとりたててもらい、京極家を再興したいと切望したからだろう。この思いは龍子のあとから側室にされた茶々にもあてはまる。ほろぼされた生家の再興こそが、敗者となった女たちの悲願であった。

名門の出でありながら、情況判断を誤った高次は、本能寺の変では明智光秀に呼応し、光秀が山崎の合戦に敗れたことで立場を失った。ここで秀吉に恭順していればまだしも、秀吉と対立した柴田勝家を頼るという判断ミスをくり返した。姉の龍子が秀吉の側室となったことで罪をゆるされ、天正十二年に近江国高島郡に二千五百石をあたえられた。同十四年に加増され五千石となり、同十五年（一五八七）に一万石、文禄四年（一五九五）には近江国大津城主六万石にとりたてられる。口さがない人びとから、さしたる武功もないのに、姉の尻の光で出世した「蛍大名」と揶揄されたのもそのためである。

三女江の結婚、つづいて二女初も

大坂城本丸が完成したとき、ここに移ったのは三姉妹のうち茶々と初の二人だけであったと思われる。『幕府祚胤《そいん》伝』によると、三女江は天正年中に尾張国知多郡大野城主五万石の佐治与九郎一成《かずなり》と縁組し、天正十二年に一成は領地を没収されたとある。秀吉は「我と佐治とは相婿に相応《ふさわ》しからず」といって江をとりもどしたというから、輿入れしてほどなく離縁させられたのだろう。

一成は佐治八郎信方《のぶかた》の長男で、母は織田信長の妹お犬（お市の姉）なので、一成と江はいとこ同士である。それにしても、上に年ごろの姉二人がいるのに、まだ十二歳の江から嫁がせたのはなぜだったのだろう。長女の茶々を側室にしたいという下心のあった秀吉が、妹から先に片づけて茶々をのこしたといわれているが、それなら二女の初でもよかったわけで、初が拒んだのだろうか。

初が京極高次に嫁いでいったのは、天正十五年といわれている。この年の三月に秀吉の九州征伐があり、高次も出陣しているので、輿入れしたのは高次が帰陣したのちの七月以降であったと思われる。茶々がいつ秀吉の側室にされたのかは記録がなく、小和田氏は、初が高次に嫁いだあとの八月以降として、遅くとも天正十六年夏までには側室にされていたとする。鶴松を出産したのが天正十七年五月二十七日なので、天正十六年の秋には懐妊していることになるからだ（『戦国三姉妹物語』）。

わたしは秀吉が茶々を大坂城によびよせた時点で側室にしたと考えている。すでにいとこの龍子が秀吉の側室になっているのを間近にみていた茶々は、いずれ自分もそのような運命となることを覚悟していただろうし、江を離縁させたときに秀吉が語ったことばどおりに解釈すれば、天正十二年の時点で秀吉が茶々と特別な関係をむすんでいた可能性は高いのではないかと思われる。「相婿」とは姉妹の夫の関係をあらわしており、秀吉が茶々を妻として位置づけていることは明らかである。秀吉のなかで茶々を側室にすることは、三姉妹を引きとったときからきめていたのだろう。

これはわたしの想像だが、江と初の嫁ぎ先をきめたのは、秀吉の意思というよりも、茶々の意思が反映した結果だったのではないか。佐治家は尾張の名門とはいえ、一成の代には織田信雄の一家臣にすぎなかった。伯母にあたるお犬は夫の佐治信方が伊勢長島一向一揆との戦いで戦死したあと、信長に引きとられ、細川昭元と再婚させられているので、江が嫁いだときにはすでに佐治家にはいなかった。しかし、江にとっては伯母の嫁ぎ先だという安心感があったろう。十六歳の一成とは、年齢的にも似合いの夫婦である。

三姉妹を政略結婚の持駒と考えていた秀吉にとって、佐治一成はそれほど食指のそそられる相手であったとは思えない。小和田氏のいうように、織田信雄懐柔策との見方もできるが、わずか数カ月でとりもどしているのをみても、秀吉にとってのメリットはなにもなかった。

初が嫁いだ京極高次にしても、二度までも秀吉の敵対勢力に与した武将で、本来であれば到底ゆるされる立場ではなかった。姉龍子のおかげで、ようやく帰参がかなったばかりであり、天正十二年の時点では茶々も、妹の初を京極家に輿入れさせたいとはいいだせなかったのだろう。九州征伐から帰った天正十五年に、高次はようやく一万石に加増され、小なりとはいえ大名となった。高次と初の結婚も、秀吉にとってはなんの成果ももたらさなかったばかりか、高次の裏切りによって豊臣家の命を縮める結果となった。

茶々は、秀吉の側室となる代償として、妹たちの嫁ぎ先をみずから提案し、秀吉もまた茶々の歓心をかうために、自分の「相婿」にはふさわしからぬ相手のもとへ嫁がせることを承知したのだろう。龍子にとっても、いとこの初が京極家の嫁となることは歓迎すべきことであったと思われる。龍子と高次の母京極マリアにしてみれば、浅井家の血を引く姪が息子の嫁となり、二人のあいだに子ができれば、両家にとってもよろこばしいと感じたはずである。

小説などでは、茶々が京極高次に思いをよせていたという設定で、秀吉の側室にされたために高次との結婚をあきらめ、妹の初も同じように高次を慕っているのを知って、二人の仲立ちをしたというような描き方をされる。もしそうであれば、みずからの恋心を封印して、妹たちのしあわせな結婚を願う茶々は、いじらしいほど妹おもいの姉である。両親をなくしているだけに、茶々はなおさら長女としての自覚をもち、妹たちを守らなければならないという重い責任を感じていたのだろう。

江の離婚と二度目の夫

さほど気乗りのしない佐治一成に江を嫁がせた秀吉も、織田信雄が徳川家康と提携して秀吉に対抗さえしなければ、無理やり江をとりもどすという強行手段に訴えることはなかったろう。秀吉と共謀して弟信孝を自害に追いこんだ信雄も、しだいに秀吉への警戒をつよめ、家康に同盟をもちかけた。秀吉の台頭を警戒していた家康にとっては「渡りに舟」で、天正十二年三月七日に八千の精鋭を率いて浜松城を発ち、十三日に清洲城で信雄の軍勢と合流した。小牧・長久手の戦いのはじまりである。

数の上では圧倒的に秀吉軍が有利であったが、個々の戦闘では家康の戦略のうまさが際立っていた。とりわけ秀吉の甥秀次を総大将とする軍勢と、家康の軍勢が激突した長久手の戦いでは、池田恒興《つねおき》や森長可《ながよし》といった名だたる武将を戦死させる苦杯をなめた。これ以上、犠牲を大きくすることをおそれた秀吉は、得意の調略で信雄と単独講和にもちこんだ。盟友信長の遺子をたすけるという大義名分をなくした家康は、二男の於義丸（のちの秀康）を養子にもらいたいという秀吉の和議をうけいれる。

嫁いだばかりでいきなり戦争になり、ようやく講和がむすばれたと思ったら、突然夫婦の仲を引き裂かれてしまったのだ。十二歳の江にはまったく理解できない事態であったと思われる。

これについて『柳営婦女伝系』には、小牧の戦いのあと、家康の軍勢が浜松城に引き上げる途中、佐治一成の所領を通過した。木曾川の分流にかかる佐屋の渡船場から乗船しようとしたが船がない。家康の難儀を見かねた一成が船を調達して無事に渡らせた。ところが、それを聞いた秀吉はひどく腹を立て、茶々が病気だといって江をよびもどし、そのまま茶々のもとにおいて帰さなかった。一成は悔やんだが如何ともしがたく、出家して佐治巨哉入道と名を改めたとある。

一成が主君の信雄と同盟関係にある家康を援助するのは当然であり、秀吉もそれだけの理由で離縁させたわけではなかったろう。元々不足を感じていた一成から合法的に江をとりもどしたまでのことで、敗れれば妻を実家に返すのが戦国の作法であった。

江の二度目の夫となったのは、秀吉の甥で養子の小吉秀勝である。秀吉には長浜城主時代にもうけた第一子の石松丸秀勝のほかに、養子の於次丸秀勝（信長の四男）と小吉秀勝（秀吉の甥）がいることについてはすでにふれたとおりである。『柳営婦女伝系』には丹波少将秀勝（於次丸）に嫁いだとあるが、於次丸秀勝は天正十三年になくなっており、その遺領を継いで丹波亀山城主となった小吉秀勝と混同したのだろう。『徳川幕府家譜』には丹波宰相羽柴小吉秀勝に嫁したとある。

江が秀勝に嫁いだのが文禄元年（一五九二）二月といわれているが、このときには江は二十歳になっている。十二歳で離縁させられてから、八年間もそのまま茶々のもとにいたのだろうか。大事な政略の持駒を秀吉が使わなかったのが不思議である。天正十五年に初の結婚、そのあとに茶々の懐妊と鶴松の出産がつづいたために、江のことは棚上げにされてしまったのか。

秀吉は江を養子の秀勝に再嫁させることをきめていたものと思われる。ところが、秀勝は天正十五年の九州攻めで軍功をあげたにもかかわらず、恩賞が少なかったことに不満をもらし、秀吉の怒りをかって所領を没収された。そのため婚礼がのびのびになっていたのだろう。

やがて秀吉の勘気もとけて、秀勝は越前敦賀城主となり、天正十八年の小田原攻めにも従軍し、その功によって甲斐・信濃のうちに所領をあたえられて甲斐城主となり、翌十九年に美濃に転封され岐阜城主となった。江が嫁いだのはこのころではなかったのか。秀勝は文禄元年三月に朝鮮に出征して、九月に唐島（巨済島《コセド》）で病死してしまう。江はすでに懐妊していた。おそらく夫の出征のあとに気づいたのだろう。

江は女の子を出産した。『幕府祚胤伝』にある関白九条幸家《ゆきいえ》（当時は忠栄《ただひで》）に嫁して、関白道房の母となる完子《さだこ》である。秀勝の死後、江は家康の三男徳川秀忠のもとに嫁ぐことになり、完子は茶々が引きとって育て、慶長九年（一六〇四）六月に淀殿の養女として九条家に輿入れした（『義演准后日記』）。『柳営婦女伝系』に江が九条道房に嫁いだとあるのは、年代的にも誤りであることがわかる。

三度目は六歳年下の夫

江の三度目の結婚相手は、のちに徳川二代将軍となる秀忠である。しかしこの時点では、関八州の太守である家康の世嗣にきめられてはいても、将来将軍になるなどとは予想もしなかったろう。太閤豊臣秀吉の養女との縁組は秀忠には破格の待遇であり、離婚歴のある六歳年上の姉さん女房であろうが、ありがたく頂戴するしかない立場であった。じつは秀忠も長丸とよばれた十二歳のときに、当時六歳だった秀吉の養女小姫（実父は織田信雄）と聚楽第で祝言をあげている。しかし、これはいわば婚約式で、小姫が七歳でなくなったため、縁組も立ち消えとなった。

文禄四年（一五九五）九月十七日、江は伏見の徳川屋敷に入輿する。すでに二十三歳で子どもを産んだ経験のある江が、十七歳の秀忠をリードしたのは自然の成り行きであったろう。徳川家の史料には秀忠の側室は一人も記載されていない。「御台所のご威勢つよし」とうわさされた江だが、それほど嫉妬深く、夫を尻に敷くような恐妻だったのだろうか。

父の顔も知らずに育った江は、母や二人の姉に庇護され、少々わがままでやんちゃな女性だったのではないかと思われる。肖像画をみても、長女の茶々は父親の浅井長政に似て豊満な美女なのにたいして、三女の江は母親ゆずりの織田家の血筋をうけつぎ、細面の端整な美人であった。

西郷局とよばれた秀忠の生母お愛は、家康に愛され、天正七年に秀忠、翌八年に忠吉と二人の男子をあげたのち、同十七年に二十八歳でなくなった。若くして逝った母の面影を江に重ね合わせたとしても不思議ではなく、それにもまして、江の物おじしない闊達さに惹かれていったのだと思われる。

最初の夫とはわずか数カ月で離縁させられ、二度目の夫は結婚してほどなく戦死するという不幸な体験を経て、江は困難に負けないつよさを身につけたことだろう。ようやくつかんだ三度目の夫は、まじめで、しかもやさしい男であった。江が秀忠を独占したいと思う気持はよくわかる。

結婚した二年後の慶長二年（一五九七）四月、伏見屋敷において長女千姫が生まれた。同四年には二女子々姫が、翌五年には三女勝姫がともに江戸城で生まれている。しかし、なかなか世嗣の男子にはめぐまれなかった。舅の家康は老いてますますさかんに、五十九歳で第九子義直、六十一歳で第十子頼宣《よりのぶ》、さらに六十二歳で第十一子頼房と、のちに徳川御三家となる息子たちをもうけている。秀忠の後宮に一人の側室もいないと聞いてあきれはてたのではないか。

家康の側室で秀忠の母代わりとなった阿茶局《あちゃのつぼね》を通じて、秀忠に女中の一人を侍妾にすすめたのだろう。慶長六年に生まれた長男長丸《ちょうまる》の生母は江ではなく、『徳川幕府家譜』には

徳川秀忠画像／奈良・長谷寺蔵

家女（家女房のこと）とあり、翌七年に数え二歳で夭折した。その死因を『幕府祚胤伝』は「灸にあたったため」としている。

嫉妬した江がひそかに殺させたのだろうか。もしそうなら、おそれをなした秀忠が、大奥に側室をおくことをはばかったのもうなずける。江は四女初姫につづいて、慶長九年七月、待望の嫡男家光を産んだ。同十一年に三男忠長、同十二年に五女和子《まさこ》を出産したときにはすでに三十五歳である。

御台所も三十歳をすぎると、御褥辞退《おしとねじたい》といって、みずからは身を退き、召し使う女中のなかから、人柄もよく容姿端麗な者を身代わりにさしだすのが慣例である。江はその慣習にしたがわず、和子を出産したあとも秀忠に側室をすすめたような形跡はみられない。

さすがの秀忠もこっそり浮気をしている。秀忠が「大姥《おおうば》」とよんで江戸城大奥に住まわせた乳母がいる。この大姥に仕えた女中のお静を見初めた秀忠が、江の目をぬすんで密会し、お静はまもなく懐妊した。御台所をはばかって兄のもとに宿下がりしたお静は、一族に累がおよぶのをおそれておなかの子を中絶してしまう。

そのまま大奥にはもどらないつもりであったお静は、再三のよびだしにふたたび大奥に上がり、秀忠の寵愛をうけてまたもや懐妊した。お静の家族は困惑するが、そのことを知った秀忠も途方にくれ、思いあまって側近の土井利勝に相談した。その結果、江戸城田安門内の比丘尼《びくに》屋敷に住んでいる見性院（故穴山梅雪夫人で武田信玄の二女）にお静をあずけることにした。

見性院は知行地の武蔵国足立郡大牧村（埼玉県さいたま市）にお静をかくまい、無事出産させる。生まれたのは男の子で、幸松（のちの保科正之）と名づけられる。秀忠は幸松をわが子と認知はしても、江戸城にむかえようとはしなかった。御台所の江をはばかったためと思われるが、信濃国高遠藩主保科正光の養子にだしたまま、江がなくなったあとも正式に父子の対面をはたさなかったのはなぜなのか。晩年の秀忠の悩みは、母を同じくする家光と忠長の兄弟間の確執であった。母のちがう弟まで加わって仲たがいされたのではかなわないという秀忠の思惑があったのかどうか。

父に無視されつづけた正之は、異母兄の三代将軍家光によって将軍家血筋の者とみとめられ、ようやくその地位にふさわしい場所をあたえられる。高遠三万石から出羽山形二十万石に転封されたのが寛永十三年（一六三六）で、その七年後には徳川御三家に次ぐ会津藩二十三万石（幕領の預り地五万石を加えて実質二十八万石）の藩祖となり、将軍の補佐役として幕政にも参画した。

崇源院(江)画像／京都・養源院蔵

関ヶ原合戦前夜の高次夫妻

大分江に筆を費やしてしまった。いったん話を引きもどして、京極高次に嫁いだ二女初のその後についてみていきたい。

小説やドラマの主人公になるのはたいてい姉の茶々か妹の江であり、三姉妹のなかで初はいちばん目立たない存在である。姑の京極マリアは父方の叔母であり、夫となった高次が初より七歳年上のいとこで、ひそかに慕っていた相手だったとしたら、十八歳で高次に嫁いだ初は、戦国時代にはめずらしいしあわせな結婚をしたことになる。

結婚した当時、近江国高嶋郡において一万石を領した高次は、天正十八年の小田原攻めに出陣し、関東平定ののち加増されて、近江国八幡山二万八千石の大名となった。さらに文禄元年の朝鮮征伐で肥前名護屋におもむいた秀吉にしたがい、大政所の病で帰洛した秀吉に代わり名護屋の陣営を守り、翌二年には太閤と明使との対面のときの配膳役をつとめる。こうした功績をかわれて、同四年に近江国滋賀郡において六万石を領して大津城主となった。文禄二年八月に秀頼を産んで、名実ともに秀吉の第二夫人となった茶々の身内にふさわしい破格の出世ぶりである。

初の願いはただひとつ、世嗣の男子を産むことであったろう。姑のマリアも、二人のあいだに子どもができることを心待ちにしていたと思われる。しかし、なかなか思いどおりにはいかないもので、姉の茶々や妹の江が子にめぐまれているのに、どういうわけか初には子どもができなかった。

高次も太閤秀吉からのお声がかりで初を正室にむかえた手前、側室をおくのははばかられたのだろう。しかし、そういつまでも待っているわけにはいかない。文禄二年京都の安《あ》久《く》居《い》で生まれた長男熊麿（母は山田氏）が、のちに家督を継ぐ忠高である。この忠高の正室となったのが、秀忠と江の四女初姫で、『寛政重修諸家譜』には「初姫君誕生のとき、東照宮の仰せにより嫡母常高院（初）これを養いたてまつりて、熊麿が室にさだむ」とある。初姫が誕生したのは慶長八年（一六〇三）で、家康が征夷大将軍となり江戸に幕府を開いた年である。この縁組は家康の命令というよりも、徳川将軍家とのむすびつきを深めたいと願った初の働きかけがあったのではないか。江にとっても、姉夫妻の後ろだてを得ることは望むところであったろう。

『寛政重修諸家譜』によれば、初は慶長三年八月八日に秀吉から近江国蒲生郡のうちに二千四十余石の地をあたえられたという。秀吉はこの直後になくなっているので、遺産分けであった。秀吉としては、秀頼を守り立ててくれるよう叔母にあたる初に託す気持もあったのだろう。しかし、その期待は初本人ではなく、初の夫によってみごとに裏切られる。

関ヶ原合戦にいたる京極高次の行動は、あまりほめられたものとはいえない。あれほど秀吉の恩顧をうけながら、土壇場で家康に寝返った。家康は秀吉が病床に臥したあたりから、さかんに諸大名をみずからの陣営にとりこむ策略をめぐらしている。いずれ石田三成とのいくさになれば、近江や美濃が主戦場になると見越して、大津城の京極高次に目をつけた。上洛のおり大津城に立ち寄った家康は、城が破損しているのをみて、修復料にと白銀三十貫目を気前よくあたえたという。これに感激した高次が、急速に家康になびいていったことがわかる。

慶長五年六月、上杉討伐のため大坂を発った家康の軍勢は、十八日に大津城に宿泊し、高次の饗応をうけた。その際、正室の初をはじめ、秀吉の死後大津城に身をよせていた姉の龍子、弟高知らも同席している。高次と家康との密約がなったのはこのときである。家康は関東への出陣を願う高次にたいし、「上方のことが心もとない。大津は枢要の地なので、もし事あらば頼みにしている」といって大津城にとどめおき、弟高知を供奉の列に加えた。

高次は長男の熊麿を人質として大坂に送り、三成をあざむくために朽木《くつき》元綱《もとつな》らとともに北国に出陣して、いかにも味方するようなそぶりをみせながら、家臣をつかわして関東の家康に注進している。

やがて、家康の大軍が西に反転したという情報を得るや、海津より船で琵琶湖を渡って大津に引き返し、家臣や妻子を城にあつめて籠城してしまった。九月三日のことである。高次の寝返りは、立花宗茂からただちに大坂に通報された。おどろいたのは茶々であった。まさか高次が家康に味方するとは思いもよらなかったのだろう。すぐに木下備中守を大津城につかわして翻意をうながしたが、高次はしたがわない。

家康の大軍が到着するまで大津城を守りぬく覚悟で、六日に大津の町に火をかけて焼きはらった。翌七日から毛利元康・立花宗茂・筑紫広門ら一万五千の大軍が大津城の三方をとりかこみ、はげしい攻撃がはじまった。立花宗茂の軍勢に長等山より城中に大筒を撃ちこまれ、防戦に難儀する。十三日早朝からの総攻撃で、二の丸が落とされ、ついに本丸だけになってしまった。

京都にいたおねは、合戦の前夜に側近の孝蔵主を大津城につかわして、高次に和平をすすめている。茶々も饗庭《あえば》局と高野山の木食《もくじき》上人をつかわして、高次の説得にあたらせた。

おねと茶々はそれぞれ、連携して籠城している龍子と初を救出したいと考えたのだろう。十四日、高次もついに講和をうけいれ、十五日早朝に城を明けわたした。

関ヶ原で東西両軍の戦いがはじまったのがちょうど十五日である。あと一日持ちこたえていれば、頭を丸めて高野山にのぼることもなかったろう。家康は一万五千もの大軍を大津城にとどめた功績を高く評価し、井伊直政からしばしば書状をもって下山するよう勧告するが、城を守りきれなかったことを恥じて高次は応じなかった。再三の説得にようやく山を下りて拝謁した高次に、家康は若狭一国八万五千石をあたえている。

関ヶ原の戦いで敗軍の将が加増されたのは高次ぐらいではなかったか。高次と初にとっては、思いがけない厚遇だったと思われる。

合戦後の豊臣と徳川

関ヶ原の合戦は家康が天下人に躍りでる契機とはなったが、それによってただちに豊臣家と徳川家の立場が逆転したわけではなかった。合戦後も大坂城にいる秀吉の遺子秀頼が公儀の中心であることに変わりはなく、家康はあくまで秀頼が成人するまでのあいだ後見人として天下の仕置きを託された豊臣家の家老である。茶々は、秀吉と家康のあいだでとりかわされた「秀頼が成人したら政権を返す」という約束を信じて、秀頼の成長にのぞみをつなぐしかなかった。

慶長八年二月に家康は征夷大将軍となり、江戸に幕府を開いた。茶々は家康が将軍となることを事前に知っていたのだろうか。おそらく寝耳に水だったのではないかと思われる。それだけに衝撃は大きかったはずである。家康は茶々を刺激しないための工作を進めていた。秀忠と江の長女千姫を秀頼のもとに嫁がせるという計画で、これは秀吉の遺命でもあった。

千姫はわずか八歳、秀頼は十一歳である。江は千姫を伴って江戸から伏見におもむいた。いくら政略結婚とはいえ、この縁組にたいする幕府の冷淡さを江は感じていただろうし、だからこそ身重のからだをおして伏見まで付いてきたのだ。大坂城におもむいたかどうかたしかな記録はないが、おそらく行っただろう。数年ぶりに姉の茶々に再会し、幼い娘のことを託したのだと思われる。

そして、茶々のもとにのこしていった娘の完子とも、八年ぶりの再会をはたしたのではなかったか。完子は江が羽柴秀勝とのあいだにもうけた娘で、茶々が養育し、翌九年に九条家に輿入れさせている。ここまで育ててくれた姉への感謝で、江はことばにつくせないよろこびをかみしめたことだろう。

千姫が入輿したあとも、江はしばらく京にとどまっていた。そのうち臨月となり、伏見城で四女初姫を出産する。姉の初が産屋から生まれたばかりの赤子をもらいうけて養女にした。自分と同じ名前をつけたのも初の意向であったろう。高次の裏切りで一時は険悪となった茶々と初の仲もまた元にもどり、三姉妹のきずなは、その子どもたちが縁続きとなることで、さらに深くむすびあわされていった。

『翁草』には、千姫は敵方の娘であるとして茶々や秀頼が冷たくあしらったように書かれているが、千姫は茶々にとって血のつながる江の娘であり、まだ八歳のかわいいさかりの姪を冷たくあしらうわけがない。じつの娘のように大切に育てた完子を嫁がせたあとだけに、妹から託された千姫は茶々の新たな生きがいともなったことだろう。

豊臣秀頼画像／京都・養源院蔵

慶長十七年（一六一二）に千姫は十六歳となり、六月十六日に鬢除《びんそ》ぎの儀が行われた。これは女子の成人式のようなもので、婚約者か父兄が鬢の先を切りそぐ儀式である。茶々の侍女お菊が伝えるところでは、碁盤の上に千姫を立たせて、秀頼が笥刀《たこうな》で少し切り初めたという（『おきく物語』）。なんともほほえましい光景で、これで二人は晴れて夫婦になった。

こうしたあいだにも、茶々の神経を逆なでするような出来事が相次いだ。慶長十年四月に家康は将軍職を秀忠にゆずり、政権は徳川家が世襲すると天下に知らしめたばかりでなく、出家して高台院と称したおねを介して、秀頼に上洛するようすすめたのである。秀忠の将軍就任を祝ってあいさつせよというのだから、約束がちがうと茶々が怒るのも当然である。『当代記』によると、「もし、強引に上洛させるなら、秀頼を殺して、わたしも自害する」といって抵抗したという。

このときは家康が譲歩したが、慶長十六年三月二十八日、十九歳に達した秀頼はついに二条城に家康をおとずれ、会見をはたしている。二条城には高台院も出座して、秀頼と対面した。このとき、家康の目に映った秀頼は思いのほか立派な武将に成長していた。天下を治める器量ありと評価したからこそ、豊臣家をつぶそうと決意したのだと思われる。かつて織田信長が、家康の嫡男信康の英邁ぶりにおそれを抱き、謀叛の疑いをかけて殺させたのと同じ戦国の論理である。

秀頼は茶々が過保護に育てたために、歌舞音曲にあけくれる世間知らずな若者というこれまでの見方にたいして、井上安代氏は文武両面にわたって優れ、当代一級の教養を身につけた武将であったと指摘している。母方の血筋をうけついで六尺（一八〇センチ）以上の堂々とした体格といい、しぜんとそなわった君主の風格といい、他を圧するものがあったようだ（『豊臣秀頼』）。

運命をわけた大坂の陣

今年は奈良市の法華寺を開基した光明皇后の没後一二五〇年にあたり、皇后のすがたを写したと伝えられる本尊の十一面観音立像が特別開帳された。初めて拝観する十一面観音は、本堂内陣の須弥壇《しゅみだん》上にあって遠目に見たせいか、写真の印象よりも表情がおだやかで、慈愛にみちた眼差しであった。

本堂は慶長六年（一六〇一）に豊臣秀頼が茶々とともに再建したことが、勾欄《こうらん》の擬宝珠《ぎぼうしゅ》や本尊須弥壇の銘文によって明らかである。秀頼が慶長期に行った多くの寺社造営や修築事業は、豊臣家の財力を減らすために家康が奨励したとされるが、その背景には茶々の厚い信仰心があったこともたしかだろう。慶長七年に近江石山寺の堂宇を改築したのも茶々の発願であり、伊勢の慶光院《けいこういん》を手厚く保護したのも茶々であった。

なかでも京都東山の方広寺は秀吉が創建した大伽藍であったが、慶長元年の大地震で崩壊したままになっていた。家康のすすめで慶長七年に着工したものの、失火から堂宇仏像のことごとくが灰塵《かいじん》に帰した。その後ふたたび工事にとりかかり、慶長十七年にようやく大仏が完成し、同十九年（一六一四）には大仏殿も再建された。四月十六日にはみごとな梵鐘《ぼんしょう》もできあがり、八月三日に落慶供養が挙行されることになっていた。

ところが直前になって、幕府は鐘銘に「国家安康」「君臣豊楽」とあるのは、家康の名を引き裂いて呪い、豊臣家の繁栄を願ったものだといいがかりをつけて、供養の延期と鐘銘および棟札の写しを提出せよと横やりを入れた。対応の矢面に立たされた片桐且元《かつもと》は老獪な家康に翻弄されたあげく、大野治長ら急進派には裏切り者ときめつけられ、ついに大坂城を退去する。

抗戦の決意をかためた秀頼は、福島正則や蜂須賀家政、細川忠興、佐竹義宣ら故太閤恩顧の諸大名に手紙を送って援助をもとめた。しかし、だれ一人応じる者はいなかったのである。あつまってきたのはいずれも恩賞目当ての浪人ばかり。めぼしい武将といえば、真田信繁（通称幸村）と長宗我部盛親ぐらいであった。

十月一日、家康は諸大名に大坂征伐を命じた。集結した徳川方の兵力は二十万ともいわれている。その大軍が大坂城を包囲し、十一月二十六日の今福《いまふく》・鴫野《しぎの》の戦いで両軍は激突した。とりわけ真田幸村の守る城南の砦真田丸の攻防でおびただしい損害をこうむった家康は、難攻不落の大坂城を攻め落とすよりも、たたかわずに豊臣方を屈伏させる作戦にでた。大砲による一斉射撃でゆさぶりをかけ、そのあとで和平交渉にもちこむという戦略である。

茶々がいた御座所の櫓が砲弾で崩れおち、側に仕える女房たち数人が砲弾にあたって死傷し、城内は大混乱におちいった。京極高次の死後、出家して常高院と称した初が大坂城中にいることを伝え聞いた家康は、十二月十八日、側近の本多正純《まさずみ》と側室の阿茶局を京極忠高の陣地につかわし、ここで常高院に対面させた（『駿府記』）。大坂城の茶々と秀頼に講和の斡旋をしてもらうためである。

これまであまり目立たなかった三姉妹の真ん中の初が、いきなり歴史の表舞台に登場した瞬間である。講和交渉の使者として、これほど適任者もいない。すでに六十歳の阿茶局は側室というよりも家康の奥をとりしきる老女であり、抜群の外交手腕を買われて政治折衝にもあたるほどの実力者であった。

常高院（初）画像／小浜・常高寺蔵

この日の会談は決裂したが、翌十九日に二回目の会談が忠高の陣屋でもたれた。常高院が持ちかえった徳川方の条件を秀頼は了承し、二十日に和議が成立する。家康が提示した和平の条件は、人質を出すことと大坂城の城割りであったと思われる。二十日に織田有楽と大野治長の息子を人質としてさしだし、その晩には常高院、二位局、饗庭局の三人が大坂城から家康の本陣におもむき、秀頼からの被物《かぶりもの》三領と緞子《どんす》三十端（反）を献じた。二十二日には家康と秀頼とのあいだで誓詞がかわされ、翌二十三日から早くも徳川方によって大坂城の堀埋めが開始された。

会談でどのような話しあいがなされたのかわからないが、その後の経緯をみると、徳川方が惣構の堀を埋め、三の丸と二の丸の堀は豊臣方が埋めるという約束であったと思われる。ところが、徳川方は奉行の本多正純の指揮のもと、三の丸の堀まで埋めはじめた。豊臣方が抗議したにもかかわらず、土居や櫓までとりこわされ、本丸だけをのこした裸城同然になってしまった。してやられたと気づいたときにはあとの祭りで、完全に家康の術中にはめられた。

大坂方の不穏な動きが駿府城の家康に報じられているさなかの慶長二十年（一六一五）三月十三日、家康の九男義直の婚儀のお祝いに、秀頼の使者として青木一重が、茶々の使者として常高院、二位局、大蔵卿局、正永尼が駿府におもむいた。

常高院たちがまだ駿府にいるあいだに、豊臣方が京都を放火するという情報が伝えられ、釈明のためつかわされた大野治長の使者にたいして、家康は新たな要求をつきつけた。それは、秀頼が大坂城を退去して大和か伊勢へ国替えするか、もしくは大坂城に召しかかえた浪人どもをすべて放逐するか、どちらかを選択せよというもので、豊臣方にとってはいずれも承服しかねる要求であった。

四月四日、義直の婚儀に出席するため名古屋城にむかった家康のねらいは、大坂再征にある。四月六日、遠江の中泉に着いたところで、東海地方の諸大名に出陣を命じた。四月十日、名古屋城に入った家康は、駿府からついてきた常高院らを引見し、いまだに浪人を召し放っていないのはどういうわけかと問いただした。

四月二十二日、伏見城から二条城におもむいた秀忠は家康と密談し、さらに本多正信・正純父子、土井利勝をまじえて最後の密議がかわされた。家康は、秀頼と茶々の使者として二条城にきていた常高院と二位局に、「秀頼の国替えか、浪人の放逐か、いずれかを選べ」と最後通牒をつきつけた。

これが最後の説得になると悲壮な覚悟で大坂城にもどった初であったが、すでに豊臣方は臨戦態勢で動きはじめていた。なんとか和平に持ちこみ、茶々と秀頼の命を救いたいと奔走した初も、もはや万策つきたと感じたことだろう。それでも城内にとどまっていたのは、姉を見捨てて行けなかったからだ。

五月六日の道明寺の戦いにはじまった大坂夏の陣は、三日以内に決着がつくとふんだ家康の予想どおり、翌七日の天王寺口の戦いで真田隊はことごとく玉砕し、幸村自身も力尽きて果てた。その日の夕刻ごろ、味方の裏切りで台所からあがった火の手は天をこがす勢いで燃えつづけた。初が姉の茶々に最後の別れをして大坂城をでたのは落城が間近に迫ったときである。徳川方として布陣している京極家の立場を考えれば、やむをえない判断であった。

大野治長が、秀頼と茶々の助命嘆願をさせようとして、千姫を大坂城から脱出させた。茶々と秀頼が天守閣で自害しようとむかいかけたのを近臣の速水甲斐守が制して、城

大坂夏の陣図屛風／大阪城天守閣蔵

内の山里郭の糒庫《ほしいぐら》に案内したのは、千姫からの返事を待つためであった。しかし期待した返事はなく、ついに糒庫に火をかけさせ、紅蓮《ぐれん》の炎につつまれて茶々と秀頼は自刃した。

小谷城の落城で父と別れ、北ノ庄城の落城では母と別れ、またしても大坂城の落城で姉と別れることになった初の心中は察するにあまりある。さきにもふれた浅井三姉妹の異母兄弟にあたる浅井喜八郎は、大坂の陣のときに大坂城に入っている。豊臣方の敗北で行き場を失った弟喜八郎を、初は当主の忠高に事情を話して引きとることにした。ただし大坂方の残党をそのまま召しかかえるわけにもいかず、出家させ、客分ということで五百石をあたえた。これが浅井作庵《さくあん》で、京極氏が若狭小浜から讃岐丸亀に移封されたあとも、その子孫が丸亀藩士として浅井家の家名をのこした。

また秀頼には、側室とのあいだに一男一女がいた。二人とも落城前に大坂城外にかくまわれていたが、男子の国松はさがしだされて、京都の六条河原で斬首された。わずか八歳である。七歳の女子は千姫の嘆願で命を助けられ、千姫の養女ということにして、鎌倉東慶寺に預けられ、のちに二十世天秀法泰尼《てんしゅうほうたいに》となった。

心ならずも姉茶々と敵味方にわかれてしまった江にとって、茶々と秀頼の死は耐えがたいものがあったろう。大坂落城の翌元和二年、茶々が父浅井長政と母お市の追善供養のために建立した養源院で仏事が行われた。施主は将軍家御台所の江である（『義演准后日記』）。

養源院はその三年後に火災によって焼失してしまう。江は秀忠に願い出て、元和七年（一六二一）に伏見城の遺構を移築して再興し、以後は徳川家の菩提所となった。本堂の廊下の天井には、慶長五年の伏見城攻防戦のはげしさを物語る血痕が散見される。死んでいった将兵の霊を供養し、ほろびた浅井家と豊臣家の鎮魂をもかねた江の発願であったと思われる。

養源院本堂

あとがき

大坂夏の陣のあと、慶応四年の戊辰戦争まで、日本はまれにみる平和と繁栄の時代がつづいた。そこに至るまでに、どれだけ多くの命が奪われてきたことか。本書でとりあげた女性たちは、明日をも知れぬ戦国の世を、自分を信じてひたすらに生きぬいた。

豊臣秀吉の妻おねも、前田利家の妻まつも、山内一豊の妻千代も、みな幼くして父をなくしている。親戚に身をよせる少女時代の苦労が、困難に負けない精神力と、他人の気持をおしはかる洞察力を養ったのだろう。それが彼女たちを大きく飛躍させるバネとなっている。

二度の落城で早くに両親をなくした浅井三姉妹の場合は、さらにきびしい試練に立たされる。その運命をうけいれて、そこから人生の活路を拓いていった。敵味方にわかれても、姉妹のきずなはつよくむすばれていたことがわかる。

戦争の悲惨さは戦場だけにとどまらない。山崎の合戦に敗れた明智光秀が坂本へ逃走の途中、土民の槍に突かれて命を落としたように、戦場から逃れても、すさまじい落人狩りの餌食にされる。敗者の女には強姦《ごうかん》や掠奪《りゃくだつ》が待ちうけていた。大坂落城の際に、城中から脱出したお菊の体験談『おきく物語』の生々しい描写は、なまじっかな戦記物よりも迫力があり、はるかに読みごたえがある。

お菊は藤堂高虎の客分であった山口茂左衛門という武士の娘で、茂左衛門は大坂の陣で豊臣方に味方して討ち死にした。お菊は祖父が浅井長政の家臣だった縁で、幼いころから茶々のそばに仕えた。落城当時は二十歳である。

その日、台所でそば粉を焼いていた下女が、玉造口が焼けているとさわぎだしたので、千畳敷の縁側にでて見ると、城内のあちこちに火の手があがっていた。いよいよ落城のときが迫っていると察したお菊は、急いで部屋にもどって逃げる支度をする。お気に入りの帷子《かたびら》（単衣）三枚を重ね着して、下帯も三つ重ねてしめ、秀頼から拝領した鏡と「竹流し」を二本懐に入れて台所へ走った。竹流しとは、竹筒に金銀を流して鋳こみ、必要に応じて切って貨幣とした竿金のことで、一本七両二歩にあたるという。

女中衆は城をでるなと制止する侍をふりきって、城外にでたお菊は、物陰から抜き身のさび刀をふりかざした男によびとめられ、「金をだせ」とおどされる。さっそく金をやって、命拾いをする。その際、藤堂高虎の陣所はどこかとたずね、連れて行ってくれれば、また金をやると持ちかけた。竹流しを持ちだしたのは身の安全をはかるための知恵であった。かつて父が身をよせていた藤堂家をとっさに思い浮かべた機転のよさもさることながら、ただ金をあたえるだけでなく、取引をするしたたかさも持ちあわせている。とても二十歳の若い娘とは思えない如才のなさである。

途中で、城から脱出してきた常高院（故京極高次の妻初）の一行を見つけたお菊はかけよって、お供をさせてくださいと申し出た。お菊は大坂城にとどまっていた常高院とは顔見知りで、家康と茶々のあいだを何度も行き来して和平交渉にあたっていたことも知っていた。常高院様といっしょにいれば助かると判断したのだろう。じつによく頭がまわる。しかも臨機応変な行動である。結果はお菊の予想どおりとなった。

常高院が大坂城をでたという情報を得たのだろう。家康の本陣から迎えの輿がきた。それを見送り、家康の沙汰を待つあいだの不安な心理描写といい、もどった常高院から、全員おとがめなしと聞かされたときのよろこぶようすまでが、真に迫って伝わってくる。お菊は浅井家と縁のある松の丸殿（京極龍子）にすがろうと京へ行くことを思い立つ。

龍子に仕えたのちに、お菊は結婚して八十三歳で備前国岡山でなくなった。孫が田中意《い》徳《とく》といって、岡山藩池田家に仕えた藩医であった。祖母が語る若き日の大坂落城の体験談を意徳が人に話し、その人が書きとめたのだろう。『おきく物語』は、お菊の話を聞いた者から、さらに筆録者が聞き書きしてまとめたもので、冒頭で紹介した『おあん物語』のような話しことばではなく、間接的な叙述になっている。

大坂落城から二十四年後の寛永十六年、江戸城本丸で出火したときには、大奥の女中が逃げる出口もわからず途方にくれているのを、老中の松平伊豆守信綱が指図して、通路の目印に台所口まで畳を全部裏返しにして、ようやく難を逃れたという。それに引きくらべて、お菊ほどの格式ある奥女中がさっさとひとりで外に脱出できたのはいぶかしいと筆録者は書きとめている。戦国の世と、太平の世のちがいだろう。平和ボケは、なにも江戸時代の大奥女中にかぎらない。

権力者の側近くで仕えたお菊には、逃げる途中で故太閤のシンボルである金の瓢簞《ひょうたん》の馬印が落ちているのを見つけて、味方の恥辱とばかりにとり片づけた武士の倫理観も見られるが、おあんとも共通しているのは、いざとなったときの女のつよさである。侍の制止をふりきって逃げるお菊の意識には、城を枕に死ぬ気などさらさらない。生きぬくことだけを考えて行動する。ここが、男との大きなちがいだろう。ものを持ちだせないなら、着こめるだけ身につけて、金と鏡を懐中にさっさと逃げだす。

こうした地に足をつけた女性の発想と行動力は、いつの時代も困難な状況を突破する原動力になると思われる。男のつくる歴史におし流されているように見えながら、その底流では、戦争のない平和な社会をめざして、ともに連携した女たちの歴史があった。

これまで講演や講座で話したり、折にふれて書いてきた戦国の女たちを一冊にまとめてみませんかという幻冬舎の福島広司氏のすすめで書き下ろした本書は、取材がてら縁の場所をたずねる旅ともなった。新書なので十分に書ききれないもどかしさはあったものの、思いがけない発見もあり、またいつか形にしたいと思っている。

二月末あたりに刊行されればいいとのんびり構えていたら一月末の刊行ときまり、いくらなんでも無茶と思っていたのに、綱渡りのような危うさでともかくもこぎつけた。担当の藤原将子氏の手際のよさに敬服しながら、あらためてお礼を申しあげる。

二〇一〇年師走　　　　鈴木由紀子

主要参考文献

基本史料

『徳川諸家系譜 一〜四』続群書類従完成会、一九七〇〜八四年
『新訂寛政重修諸家譜 一〜二二』続群書類従完成会、一九六四〜六六年
『新訂増補国史大系 徳川実紀 一・二』吉川弘文館、一九六四年
『増補続史料大成 一九 家忠日記』臨川書店、一九六八年
『駿府記』『三河物語』『慶長記』(『戦国史料叢書 六 家康史料集』小野信二校注、所収)人物往来社、一九六五年
『太閤さま軍記のうち』『川角太閤記』(『戦国史料叢書 一 太閤史料集』桑田忠親校注、所収)人物往来社、一九六五年
『伊達日記(政宗記)』(『戦国史料叢書 一〇 伊達史料集』小林清治校注、所収)人物往来社、一九六七年
『太閤記』(新日本古典文学大系)檜谷昭彦・江本裕校注、岩波書店、一九九六年
『改正三河後風土記 上・中』秋田書店、一九七六年
『義演准后日記 一〜三』続群書類従完成会、一九七六〜八五年
『舜旧記 一〜五』続群書類従完成会、一九七〇〜八三年
『藩翰譜』(『新井白石全集 一・二』所収)国書刊行会、一九七七年

『おあん物語』『おきく物語』（『日本庶民生活史料集成　八』所収）三一書房、一九六九年
『綿考輯録（細川家記）一・二』（出水叢書）汲古書院、一九八八年
『細川家史料　一』（『大日本近世史料』所収）東京大学出版会、一九六九年
『山内家史料　第一代一豊公紀』山内神社宝物資料館、一九八〇年
『新訂信長公記』太田牛一著・桑田忠親校注、新人物往来社、一九六五年
『明智軍記』二木謙一校注・監修、新人物往来社、一九九五年
『仙台市史　資料編一一・一二』仙台市、二〇〇三・二〇〇五年
『仙台市史　通史編三・四』仙台市、二〇〇一・二〇〇三年
『伊達治家記録　一〜四』平重道編、宝文堂、一九七二〜七四年
『仙台叢書　一〜三』鈴木省三編、仙台叢書刊行会、一九二二〜二三年
『大日本史料　一二編之一二』東京帝国大学、一九〇九年
『伊達政宗卿伝記史料』文献出版、一九七八年
『伊達政宗言行録　木村宇右衛門覚書』小井川百合子編、新人物往来社、一九九七年
『伊達政宗言行録　政宗公名語集』小倉博編・高橋富雄新訂、宝文堂、一九八七年
『完訳フロイス日本史　一〜五』（中公文庫）松田毅一・川崎桃太訳、中央公論新社、二〇〇〇年
『十六・七世紀イエズス会日本報告集　二・三』松田毅一監訳、同朋社出版、一九八七〜八八年

関連書籍

『家康の族葉』中村孝也、硯文社、一九九七年
『女性群像』西村圭子、新人物往来社、一九九九年
『日本中世の女性』田端泰子、吉川弘文館、一九八七年
『戦国の女性たち』小和田哲男編著、河出書房新社、二〇〇五年
『淀殿』福田千鶴、ミネルヴァ書房、二〇〇七年
『北政所おね』田端泰子、ミネルヴァ書房、二〇〇七年
『細川ガラシャ』田端泰子、ミネルヴァ書房、二〇一〇年
『戦国の女たちを歩く』田端泰子、山と渓谷社、二〇〇四年
『豊臣秀頼』井上安代、自家版・続群書類従完成会製作、一九九二年
『桑田忠親著作集　二〜七』秋田書店、一九七九年
『明智光秀』桑田忠親、新人物往来社、一九七三年
『淀君』（人物叢書）桑田忠親、吉川弘文館、一九五八年
『明智光秀』（人物叢書）高柳光寿、吉川弘文館、一九五八年
『伊達政宗』（人物叢書）小林清治、吉川弘文館、一九五九年
『前田利家』（人物叢書）岩沢愿彦、吉川弘文館、一九六六年
『徳川家光』（人物叢書）藤井譲治、吉川弘文館、一九九七年

『徳川和子』（人物叢書）久保貴子、吉川弘文館、二〇〇八年
『伊達政宗　知られざる実像』小和田哲男、講談社、一九八六年
『伊達政宗の手紙』（新潮選書）佐藤憲一、新潮社、一九九五年
『ベアト・ルイス・ソテーロ伝』ロレンソ・ペレス著・野間一正訳、
東海大学出版会、一九六八年
『伊達政宗の遣欧使節』松田毅一、新人物往来社、一九八七年
『伊達政宗娘いろは姫』土生慶子、東光出版、一九八七年
『松平忠輝』諏訪忠輝会編、信濃民友社、一九五五年
『五日市町史』五日市町史編さん委員会編、一九七六年
『戦国三姉妹物語』（角川選書）小和田哲男、角川書店、一九九七年
『北政所と淀殿』小和田哲男、吉川弘文館、二〇〇九年
『乳母の力』田端泰子、吉川弘文館、二〇〇五年
『山内一豊と千代』（岩波新書）田端泰子、岩波書店、二〇〇五年
『織田信長』（中公新書）脇田修、中央公論社、一九八七年
『豊臣秀吉』（中公新書）小和田哲男、中央公論社、一九八五年
『徳川家康』（中公新書）北島正元、中央公論社、一九六三年
『直江兼続とお船』（幻冬舎新書）鈴木由紀子、幻冬舎、二〇〇九年

著者略歴

鈴木由紀子《すずきゆきこ》

山形県生まれ。『闇はわれを阻まず　山本覚馬伝』で第四回小学館ノンフィクション大賞優秀賞受賞。

主著に『義にあらず　吉良上野介の妻』『花に背いて　直江兼続とその妻』『大奥』『黄金のロザリオ　伊達政宗の見果てぬ夢』（以上、幻冬舎）、『最後の大奥　天璋院篤姫と和宮』『直江兼続とお船』（ともに幻冬舎新書）、『大奥の奥』『開国前夜　田沼時代の輝き』（ともに新潮新書）、『女たちの明治維新』（ＮＨＫブックス）などがある。

幻冬舎新書 196

女たちの戦国
江と同時代を生きた11人

二〇一一年一月三十日 第一刷発行

著者 鈴木由紀子
発行人 見城 徹
編集人 志儀保博

発行所 株式会社 幻冬舎
〒一五一-〇〇五一 東京都渋谷区千駄ヶ谷四-九-七
電話 〇三-五四一一-六二一一（編集）
〇三-五四一一-六二二二（営業）
振替 〇〇一二〇-八-七六七六四三

ブックデザイン 鈴木成一デザイン室

印刷・製本所 株式会社 光邦

Printed in Japan ISBN978-4-344-98197-3 C0295
す-2-3

幻冬舎ホームページアドレス http://www.gentosha.co.jp/
*この本に関するご意見・ご感想をメールでお寄せいただく場合は、comment@gentosha.co.jp まで。

幻冬舎新書

鈴木由紀子
天璋院篤姫と和宮
最後の大奥

十三代将軍家定に嫁いだ篤姫と十四代家茂の正室皇女和宮。対立していた嫁姑が、徳川家存続のためともに動きだす。終焉に向かう江戸城大奥で無血開城を実現させた女性を通じてひもとく、明治維新の裏表。

鈴木由紀子
直江兼続とお船

下剋上の世に主君への忠心をつらぬいた上杉家執政・直江兼続と、彼を支えた賢妻・お船。秀吉にその才を見こまれ、家康に売られたけんかを買った天下の知将の偉業と生涯をひもとく歴史解読書。

榎本秋
戦国軍師入門

「戦争のプロ」のイメージが強い戦国軍師だが、その最大任務は教養・人脈・交渉力を駆使し「戦わずにして勝つ」ことだった！　一四の合戦と一六人の軍師の新解釈から描き出す、新しい戦国一〇〇年史。

榎本秋
外様大名40家
「負け組」の処世術

「負け組」戦国大名は、いかにして江戸時代を生き抜いたのか。将軍家との婚姻政策に奔走した前田家、藩士1000人の大リストラを断行した津軽家など、外様大名40家の系譜と歴史。

幻冬舎新書

柳谷晃

時そばの客は理系だった

落語で学ぶ数学

落語の噺には、数学や科学のネタが満載されている！数学のわかる落語家・三遊亭金八と林家久蔵のネタで、笑っている間に身につく数学の知恵26席の、はじまり、はじまり〜!!

萩野貞樹

旧かなづかひで書く日本語

「このあひだはありがたう」「きのふから雨が降つてゐる」——私たちが日頃使ふ「新かな」よりも洗練され、使ひ勝手もいい「旧かなづかひ」。本書でその基本をおぼえて日本語の美しさを味はひませう。

島田裕巳

日本の10大新宗教

創価学会だけではない日本の新宗教。が、そもそもいつどう成立したか。代表的教団の教祖誕生から社会問題化した事件までを繙きながら、日本人の精神と宗教観を浮かび上がらせた画期的な書。

正木晃

密教的生活のすすめ

宗教学をわかりやすく解説することで知られる著者が、密教の修行法の中から一般人でも簡単に実践でき、確実に効果のあるものを選び、やさしく解説する。体と心が変わる密教的生活のすすめ!!

幻冬舎新書

五木寛之　香山リカ
鬱《うつ》の力

迫りくる一億総ウツ時代。うつ病急増、減らない自殺、共同体崩壊など、日本人が直面する心の問題を作家と精神科医が徹底的に語りあう。「鬱」を「明日へのエネルギー」に変える新しい生き方の提案。

藤井雅子
人はなぜ怒るのか

ぞんざいに扱われたり、周囲の評価が自分が思うより低い時などに人は怒る。その感情の裏には失望や寂しさ、不安などの別の感情が潜んでいる。怒りの仕組み、抑え方、適切な表現方法を指南！

守誠
ユダヤ人とダイヤモンド

「ヴェニスの商人」の高利貸しで有名な彼らは疎まれたこの仕事へどう追いやられ、ダイヤモンド・ビジネスに参入し覇者となったか。度重なる迫害でダイヤモンドが離散民族をいかに助けたか。

山川健一
太宰治の女たち

生身の女に全身でぶつかり、それを小説に描き、太宰治は39歳で死んだ——。太宰治の作品と人生、そこに介在し小説のモデルにもなった女たちを紹介しながら、男女の機微をも読み解く画期的な一冊！